U0619562

中提琴家

今井信子 著

憧憬

与中提琴相伴

何为 译

上海教育出版社
SHANGHAI EDUCATIONAL
PUBLISHING HOUSE

序　言

今井信子老师习惯我们称呼她为"师父"（Sensei）。只要一提起她，那如沐春风般的笑容、见面时那孩童般的热情拥抱和问候，这些印象就会自然涌现在我的脑海中，犹如她就在我身边。她身上散发着温暖的艺术光芒，始终照亮着我的前行之路。还记得在大学时，我只要能在跳蚤市场上淘到一张她的唱片，回学校的路上便能满心欢喜，感觉这段时间的精神食粮又有了。在不同阶段欣赏她的音乐时，我总能领悟到她变化多端的独特表达和深邃思想。她高超的演奏技艺更让我每次聆听都深感折服。我常常边听她的录音边思考：她娇小的身躯是如何奏出如此充满能量、千变万化的中提琴之音？她的练习方法和音乐表达何以达到这样的境界？十多年后，我在网络上发现了她首演和录制的许多当代著名作曲家的中提琴作品时,内心对她的崇敬之情更是倍增。在我的求学路上,她如同我的指引者,在无形中引领着我。

　　或许是由于上天的眷顾,我在上海音乐学院工作期间有幸接触到今井信子师父。在多次室内乐合作中,我更为直接地感受到她散发出的艺术能量和人格魅力。与她在一起的人,总能感到满足和开心。不可思议的是,当她继续在艺术创作的道路上迸发灵感时,我能成为她创立的中提琴四重奏团中的一员,这让我内心激动得无以言表。在近十年的相处与合作中,我们多次以"今井信子中提琴四重奏"团体进行巡演、录制唱片,并举办中提琴大师班。每次巡演前的排练记忆尤为深刻,四位都是有经验的演奏家,每个人都有独立的个性和不同的审美取向,除了在探讨乐曲结构中我们相互交流外,其他时候师父总在认真倾听每个人的声部,你可以感觉到她一直在思考、寻找什么是最佳的感受(包括声部平衡、和声功能及语句处理等),而最终她会用琴声传递出她更赞同的音乐表达和处理方式。在大师班中,师父会认真地与每位同学交流心得,并对其未来发展方向给予建议,让同学们一直要保有梦想和憧憬。这些年与她在一起工作的经历让我对师父有了更新的认识和理解,对于我个人最开心的就是师父总能让我一直在她身边学习和聆听。

师父阅人无数，善于激发他人潜能。和她在一起的日子里，她每时每刻都带有的艺术想象力让我萌发了对中提琴作品创作的热情。我创作的第一首中提琴作品《无伴奏组曲——水墨》就是特别献给四重奏的每一位成员及我的恩师——中提琴教育家沈西蒂先生，由我和今井信子、维特·赫滕斯坦、康文婷首演。如今，81 岁高龄的师父始终活跃在演奏和教学的舞台上，不停地穿梭于欧洲、美洲和亚洲之间，尽其所能地传播中提琴的魅力。我被她一生的"中提琴精神"深深打动，且愈发沉醉其中。她的艺术生涯不仅成就了自身，更推动了亚洲中提琴表演事业的崛起。

2011 年，今井信子师父的自传由台湾小提琴教育家林晖钧老师译成繁体中文出版。我有幸拜读后，解开了求学阶段的许多疑惑和好奇。通过师父的音乐人生，我深刻感受到自己在各方面仍有很长的路要走、许多知识要学，必须加倍努力并常怀感恩。也正因如此，我的内心才始终保有对艺术的好奇与继续探索的动力。

今年，为了让更多音乐爱好者了解这位传奇音乐大师的生涯，何为老师受今井信子师父之托，又将这本书的增订版翻译成简体中文，并邀请我撰写一篇序言。在即将出版之际，我由衷感谢何为老师的邀请，使我有机会再次抒发对师父的敬仰之情。期待这本《憧憬——与中提琴相伴》早日与读者见面,同时也衷心祝愿师父身体健康。

刘　念

上海音乐学院中提琴教授

2024 年 12 月于上海

目　录

内容编排：中村广子

序　章

锡永的奇迹

在锡永录音刚结束时的笑容。穿白衬衫的是塔卡什。
（图片来源：精工爱普生）

2006 年 9 月 29 日下午四点,我们终于结束了在瑞士锡永(Sion)的录音工作。

指挥、管弦乐团的学生、制作人、录音师,每个人的脸上都洋溢着喜悦。巨大的能量汇集于一处,几近极限,仿佛见了了神的光芒。我们录制的是林光①的中提琴协奏曲《悲歌》。这部作品,我曾在 1995 年与水户室内管弦乐团合作首演。

当最后的、那个没有解决就暧昧结束的音,慢慢地在空中消失,全神贯注的我们一下子失了神,一句话都说不出来。

瞬间的屏息过后,制作人大呼一声:"好!"大伙儿也一下子兴奋了起来,"好啊!""好啊!"的欢声不断。我心花怒放、喜不自禁!一路走到今天,各种迂回曲折、艰难困苦,当梦想终于得以实现,此时的感触也格外深刻。

---

① 林光(1931 年 10 月 22 日—2012 年 1 月 5 日),日本当代作曲家、钢琴家和指挥家。作品的种类与数量都极为丰富,包括 30 多部日语歌剧和 100 多部电影配乐,以及许多与和平运动、劳工运动有关的小规模歌曲作品。另有 20 多部音乐、音乐史等方面的重要文字著作。1998 年荣获第 30 届三得利音乐奖(Suntory Music Award)。

在堤博·瓦尔葛的街头

锡永是一个人口不到三万的小镇,距离日内瓦坐火车大约两小时,是历史悠久的瓦莱州(Valais)的首府,坐落在罗纳河(Rhône)的平缓山谷中,远处可以望见南边与意大利接壤的阿尔卑斯山。周围的山丘上是一望无际的葡萄园,作为瑞士第一的葡萄酒产地而闻名遐迩。虽然外国游客并不多,但对瑞士人来说,这里似乎是高级度假胜地。

像孪生兄弟般高耸的两座石山,俯瞰着小镇,其中一座山的山顶上耸立着仿佛从岩石中生长出来的中世纪城堡教堂。在可以仰望瓦莱教堂(Basilique de Valère)的半山腰上,有一所参加录音的学生们就读的音乐学校——堤博·瓦尔葛高等音乐学院。

被冠为校名的堤博·瓦尔葛(Tibor Varga)是一位天才小提琴家,同时也是指挥家和教育家,1919年出生于匈牙利,1947年成为英国公民,1955年后定居瑞士。1964年他在锡永举办了堤博·瓦尔葛音乐节,同时又创办了音乐夏令营。这个夏令营持续至今,以弦乐器演奏者为主的年轻音乐家从世界各地聚集而来。

1967年,这里又开始举办堤博·瓦尔葛国际小提琴大赛。历届冠军中,包括了让—雅克·康托洛(Jean-Jacques Kantorow)、前桥汀子、米哈埃拉·马丁(Mihaela Martin)、瓦汀·列宾(Vadim Repin)等响当当的名字。因为瓦尔葛的存在,锡永这个小镇一跃成为小提琴家的圣地。1991 年,瓦尔葛在当地的锡永音乐学院创立了弦乐系。经过几次组织变更,2002 年建成了现在的堤博·瓦尔葛高等音乐学院。

我与锡永结缘,源于和瓦尔葛本人的缘分。瓦尔葛在锡永工作的同时,还参与了西德(当时)代特莫尔德(Detmold)德国西北音乐学院的创建,长期担任弦乐系的系主任。在那里教中提琴的布鲁诺·朱兰纳(Bruno Giuranna)辞职后,瓦尔葛邀请了我。从那以后,我开始在他主持的代特莫尔德室内管弦乐团拉琴,并在锡永的夏令营授课,与他有了密切的往来。现在,不仅是夏令营,我还去那里的音乐学院教书。2003 年 9 月,瓦尔葛突然去世。就在他去世前两个月,我刚刚和他的管弦乐团合作演出了布里顿(Benjamin Britten)的《泪泉》(*Lachrymae*)。

和学生们的录音

从锡永车站步行七八分钟,登上古老的石板陡坡,山崖边有一所小型音乐学院。面对广场而建的小校舍,是一座古老的石头建筑,一共也就 15 个房间吧。没有保安,只要知道大门的密码,半夜也可以随时出入练琴。密码偶尔也会被更换,但大多也就是谁都能想到的巴赫生日之类的,所以可以很轻松地进出。学生人数也只有 50 人左右。也没有特别规定多少年才能毕业,简直就像是寺子屋①。

虽然也有钢琴和管乐器的专业,但毕竟是堤博·瓦尔葛坐镇的学校,弦乐的水平极高。受瓦尔葛的吸引,这里聚集了世界各地的学生。录音的时候,我数了一下,学生们来自俄罗斯、法国、德国、意大利、日本等共 13 个国家(不知为什么没有瑞士人),大伙儿都吓了一跳。从二十到二十四五岁,不同年龄层的学生们,在这个仿佛与世隔绝的乡村小镇上,一心沉浸在音乐中,从早到晚不停地练习。

---

① 寺子屋是日本江户时代(1600—1868)寺院所设的私塾,又作"寺"或"寺小屋"。主要以庶民子弟为对象的初等教育机构,提供类似现代的小学教育,学童年龄大都是六至十多岁,以训练读、写及算盘为主。

　　这样一群远离尘世的学生,还从来没有见过现场录音。参加专业录音对他们来讲更像做梦一样,光是听到这个计划大伙儿就兴奋得不得了。这次的录音,从头到尾对他们来说应该是天地重生般的体验吧。这才是我想和他们一起录音的真正原因。

　　这次要录制的是林光的《悲歌》,是我无论如何都想留下录音的乐曲。和哪家唱片公司合作、与谁一起录音,我想了很久。最后选择了爱普生古典系列,并决定在锡永与堤博·瓦尔葛高等音乐学院管弦乐团合作。

　　精工爱普生是总部位于长野县诹访市的信息机器和精密机器公司,多年来长期支持斋藤纪念管弦乐团[①]。从1993年开始,公司创立了文化赞助项目,与此同时诞生了以日本演奏家为核心录制的"爱普生古典音乐CD系列"。

　　到目前为止,一共发行了25张唱片(截至2013年6月),我也在2003年录制了泰勒曼(Telemann)的《十二首

[①] 1984年9月,日本指挥界的两位大师——小泽征尔与秋山和庆,为纪念恩师斋藤秀雄逝世十周年,号召许多曾受教于斋藤的演奏家们,组成一个纪念管弦乐团,用音乐表演来追念这位日本近代古典音乐发展中最重要的指挥家及教育家。乐团在东京和大阪举行了两场音乐会,参与演出的音乐家多达百人,由于受到观众热烈的反响,以及乐评高度的赞赏,小泽征尔决定将这个活动常态化,并将乐团命名为斋藤纪念管弦乐团(Saito Kinen Orchestra)。

幻想曲》。公司的制作人谷龟利之和录音师服部光一郎都是非常值得信赖的伙伴。我甚至觉得如果不是和他们两位合作，一切都不会这么完美。截至今日，这个项目中还没有哪位演奏家有录制过两张唱片的先例；但谷龟先生知道我的愿望，所以一切才会进展得这么顺利。

"金钱"和教育

然而，中途还是发生了意想不到的问题。音乐学院方面要求我们给学生们支付酬劳，而我从一开始就认为这次录音是对学生的教育计划。

和专业人士一起录音，对学生来说是非常难得的经验。用高性能的麦克风把自己声音的每个细节都清清楚楚地录下来，认真仔细地聆听后，再思考如何改进。再重新演奏，再聆听。再拉一次，再听。有时在意想不到的地方会有意想不到的声音。再拉……像这样侧耳倾听每一个音符，面对声音本身的密集反复的时间，不仅和老师上课不同，与站在舞台上演奏也不一样。"听"，这个对音乐家来说最必要的能力会得到飞跃性的提高。没有比这更好的教育了。

但是,学校方面却另有打算。在日本,音乐学生给人的印象一定是优渥家庭的子女,但欧洲的音乐学生一般比较贫穷。即使在锡永,也有学生因付不起每年20万日元①左右的学费,只能在餐厅打工拿时薪。平时乐团在小镇上举办音乐会,演奏所收取的费用,对学生们来说也是非常宝贵的收入来源。因此,作为学校来说,这个录音不是教育计划,而是工作之一。所以,他们希望给每个学生支付这样那样的费用。

我听了以后非常生气,同时也感到极大的失望。为什么这么重要的事情都不能理解呢? 这是一次难得的、不太可能有第二次的教育机会。如果金钱介入其中,从出发点开始就完全不一样了。一想到这是工作,瞬间大家的心情就会发生变化。问题不在于金额的高低,而在于是否付工资。我自己在做这项工作时,也完全不考虑金钱的问题。

我把想法逐条写下来,给学校发了邮件,还打了电话。但学校也有为学生着想的意识,所以不会轻易接受。双方的对话一直在平行线上。虽然爱普生方面表示可以支付酬劳,但我确信这样做对学生没有好处。

---

① 相当于当时汇率的一万三千多人民币。

日本的乡村和瑞士不一样，各方面都比较发达，学生们也会一只脚踏入职业的世界。他们尝到过金钱的滋味，也知道如果把拉琴作为工作，需要拉到什么程度就足够了的"窍门"。说到已成为职业演奏家，往往会让人觉得自己已经到达了一个终点，实际上却忽略了最重要的东西。

音乐老师首先应该教给学生的不是技巧，甚至不是音乐本身，这是根本的伦理性问题。我们不是为了钱而工作，而是应怀抱着为音乐艺术奉献的心情工作。如果不能从音乐中获得喜悦，没有对音乐的憧憬，一切都没有意义。学到这些，比什么都重要。金钱从某种意义上来讲是可怕的东西，它会改变人的心情。一旦拥有了金钱，就会用金钱和代价来换算一切。我希望瑞士的学生们能够体验到与金钱无关的纯粹。

我拼命地表达自己的想法，经过长时间的沟通，终于得到了校方的理解，可这时距离录音已经不到十天了。

塔卡什的音乐

来自紧张谈判的疲劳，还没有得到放松，就从9月21日开始，连续四天，先在拉绍德封（La Chaux-de-Fonds）音乐厅,录制了我的独奏曲和钢琴二重奏。拉绍德封位于靠近法国国境的山上,一个只有一条主干道的小镇,在这个乡村小镇上,居然有一个好到令人难以置信的音乐厅。在那里拉琴,身心都能得到放松,可以说是音乐厅在帮助我演奏。对我来说,如果不在这儿几乎无法录音。

我和工作人员都因为之前的紧张而变得神经质,花了很长时间才顺利开始。尽管如此,在录完最后一首巴赫的众赞歌《人啊,为你的深重罪孽哀叹吧》(*O Mensch, bewein dein Sünde groß, BWV 622*)的时候,我觉得悬在心里的东西,像云雾一般在天空中消散了。细川俊夫[①]非常喜欢我的巴赫无伴奏大提琴组曲以及和手风琴家御喜美江录制的众赞歌《我渴慕你》(*Herzlich tut Mich verlangen, BWV 727*),所以特意为我将这首他最喜欢的巴赫众赞歌改编成了中提琴曲。这也是哲学家森有正[②]先生喜爱的曲子。细川先生和我在感性上有些相似,所以他非常了解我的音乐。自 2006 年在阿姆斯特丹首演以来,这首曲子就成了我最重要的曲目之一。

[①] 细川俊夫(1955 年 10 月 23 日—),日本当代作曲家、指挥家。

[②] 森有正(1911 年 11 月 30 日—1976 年 10 月 18 日),日本哲学家、法国文学研究者。

随后,我们回到了锡永。从 9 月 25 日开始在音乐学院排练。

弦乐团有十个小提琴手、四个中提琴手、三个大提琴手和两个低音提琴手,一共 19 个人,由加博尔·塔卡什—纳吉(Gábor Takács-Nagy)指挥。他是匈牙利塔卡什弦乐四重奏的创立者,但现在已离开四重奏,成为了小提琴家、指挥家和教育家。他还在日内瓦国际音乐比赛中担任弦乐四重奏的评审主席,并在日内瓦音乐学院任教。我之所以能在日内瓦音乐学院任教,也是因为塔卡什。

塔卡什把音乐视为一切,一谈起音乐,两眼立刻闪闪发光,指挥的时候,像全身都在说话,肢体语言极为丰富,仿佛音乐本身在流动起伏,演奏者一下子就被带领起来了。这种有生命力的音乐,听众即使意识不到音乐的细部结构,也能非常自然地融入其中。可以说,正因为有塔卡什这样的指挥家,我才想和这个管弦乐团一起录音。

音乐学院的排练进行了三天,第三天晚上在广场对面的教堂举行了试演会。这里经常举办音乐会,石砌教堂里,独具的悠长余音,使中提琴的回声也很响亮。但是,只要一轮到我演奏,不知从哪儿就会发出一种奇妙的"哇"的声音。可能有观众带来了小婴儿吧,我想也许马上就会被带出去,但那声音就是停不下来。听众们也是东张西望。

中场休息时，我询问了一下工作人员，令人惊讶的是，原来是猫的声音。据说，有一只黑猫藏在墙壁高处的风琴里，谁也赶不走它。在后半场林光的协奏曲中，每当中提琴独奏时，它就又会"哇、哇"地大声叫。我实在难以忍受。看来是只喜欢中提琴的猫吧。虽然如此，学生们的存在，给了我极大的鼓舞，体内的能量也渐渐地涌现出来。

录音开始了

9月28日，我们换到堤博·瓦尔葛录音室，终于开始了与管弦乐团的录音。这个录音室是瓦尔葛为了自己录音而建造的，他从很早以前就热衷于录制唱片，其中也不乏杰作。甚至连编辑工作也是他自己来做的。

正因为如此，这间录音室才配备了非常豪华的设备，在瓦尔葛去世后也被精心维护，用于各种录音。建筑的外观是素面水泥，内部装饰以白木为基调，很有现代感。总的说来它很适合呈现现代和巴洛克风格清脆悦耳的音色，也正好适合用来录制林光的乐曲。

有生以来第一次录音的学生们，个个战战兢兢。

林光作品的很多声部都有独奏的段落，每个人的演奏都会暴露无遗，完全无法想象录音里自己的声音听起来是怎么样的。并不宽敞的录音棚里，竖立着八个麦克风，充斥着恐惧和不安的情绪。

不管怎样，先把第一遍录下来，然后马上进混音室听。学生们都惊呆了。用混音室大屏幕的扬声器听自己的声音，一开始觉得很不错，大家都很开心。但是，再仔细听听，就会发现问题。谁抢了拍，或者谁音不准，都能听得一清二楚。不用别人说，马上就知道是自己的演奏。在不停地反复聆听录音的过程中，也会突然明白为什么老师要求更靠近琴码拉，只有这样声音才能清楚啊，同时也不能忽略琴与麦克风的位置关系。录音真是辛苦的工作。

大家一起听录音，时间久了就会感到疲惫不堪，于是就由塔卡什、我、工程师和制作人来负责此项工作。塔卡什一发话，我们就停不下来，他又是一个能喝水的人，一天要喝三四升水。录音过程中，他只要不指挥，不是在说话就是在喝水。

学生们很拼命。20人的乐团其实很不容易，50人的话，个人的声音可以藏在全体之下，但20个人就不太可能了,所以每个人都必须清晰地拉好每个音,来完成一段整体的音乐。情绪不投入的话,声音就会变得无聊,甚至疲劳时注意力无法集中也会体现在声音中。每个人都露出认真的眼神,生怕拉不好丢人。

下午五点多,第一天的录音结束了,我们只完成了第一乐章。第二天,学生们似乎已经驾轻就熟。录音通常就是把大部分乐段细分后录制,整首曲子录完后,我们决定只把第二乐章像在音乐会上演奏一样拉一遍。这就是我在本书开始时描述的那段演奏景象。

太棒了!停顿也好,回声也好,一切都很完美。学生们以为肯定不会使用通奏那遍的录音,所以拉得悠然从容。在一起录制了好几天,大概这也是就要结束了的感慨吧。这股爆发式的能量也传递给了我,我也是越拉越激动。专业的管弦乐团,绝对不会有这种气氛。那一瞬间简直就是奇迹。

几个星期后,我再去锡永上课,学生们完全变了样。在这所与世隔绝的小学校里,大家甚至都没有像样的乐器,但是,只要拼命学习,就能取得那么高的艺术成就。他们已经成为了世界音乐家的一员,从学生们的脸上可以看到那种自信。最核心的问题——他们已经知道了今后自己应该朝向怎样的方向。这应该是终生难忘的改变人生的经历吧。这正是我所期望的,所以我从心底感到高兴。

从"寺小屋"走向世界

如果是纽约或东京的音乐学校,恐怕情况会大不相同。

看着乡下小音乐学院纯真的学生们,我想起了求学时的桐朋学园。当时桐朋学园刚刚成立不久,一个年级不到80人。在那里,就像锡永的瓦尔葛一样,斋藤秀雄先生是最重要的人物。

斋藤老师教会了我作为音乐家最重要的东西。"为什么自己会来到这里""自己能为音乐做些什么""应该以怎样的态度对待音乐"……一边看手表一边想着快点结束练习吧,那肯定不行。如果做不到,那么就练习到能做到为止吧。每天就一味地专心面对音乐。

半个世纪后的今天,桐朋的日子依然铭刻在我们所有学生的心中。正因为如此,大家才以一颗同样虔诚的心组建了斋藤纪念管弦乐团。

那个时候,每天都充满了音乐。

第1章

一切始于桐朋

儿童音乐教室
从窗户向内窥望的是斋藤秀雄先生
指挥是小泽征尔

直到初中，我都很瘦，脸色也不好，很孱弱。虽然现在没有人相信，那时我在学校里是个老实的、连话都不会说的孩子。在升入东洋英和女学院小学部的时候，我开始上小提琴课，真的很累。因为不是我自己想学的，是在母亲的意志下开始学习的。

受难的开始

母亲是个被视为掌上明珠的独生女。我外祖父是爱媛县的国会议员，战前家里就有了三角钢琴，家境很好。母亲从女子学校一毕业就结了婚。20 岁的时候生了我这个长女。我父亲虽然不富裕，但也是高级官员，他只是想把我教育成人，嫁个好人家就行了。但是，在我母亲周围，有很多在太平洋战争中失去丈夫的女人。每当看到朋友和表亲抱着孩子走投无路时，她就迫切地想让自己的孩子掌握一门手艺。

于是，她想到了小提琴。战争时期，在镰仓避难，她听铃木镇一先生讲过才能教育的事，所以我母亲觉得必须让孩子从小开始学琴。空袭中，位于大井的家被烧毁了，钢琴也化为灰烬。战争结束后，我们回到东京的麻布，母亲就通过各种途径为我寻找小提琴老师。当时母亲才二十多岁，既年轻又有活力，她竭尽全力想让孩子接受最好的教育。

篠崎弘嗣是一位擅长教小孩子的老师，他还是小提琴演奏家篠崎功子、竖琴演奏家史子姐妹的父亲，在当时是位名师。

第一次去篠崎先生家拜访的时候，他问我们："是想成为专业小提琴家，还是作为兴趣来学？"如果回答"作为兴趣"，或许就无法请篠崎老师本人教了。母亲想反正都要付钱，就得让我好好学，于是回答说："会认真学的。"从此就是我受难的开始。

灰色时代

一周上两次小提琴课，无论刮风下雨，我都要从六本木的东洋英和学院转乘电车去涩谷，和来接我的妈妈一道去上课。因为没有固定的上课时间，所以每次都要等一个多小时，这期间正好完成学校的作业。上课本身很短，大概十五到三十分钟。

对我来说，拉琴一点儿都不快乐，只是一种义务，是无论如何都逃不掉的事情。不管是白天还是晚上,都得练琴。如果课上拉得不好,回家的路上就会被妈妈训斥:"都怪你没好好练习。"好不容易回到家,放下书包,马上就得练琴!练琴!练琴!我不想练习,只想和弟弟们一起玩象棋,或者去有栖川宫纪念公园捉蝉和小龙虾。但是,这是不被允许的。在学校里,"信子要去学小提琴的",大家都用特别的眼光看我,很烦人。

其实,那段时间的事情我只记得些片断,其余的几乎都是空白,一切都变得像隔着一层雾一样模糊不清。长大以后,我咨询了心理学专家,他告诉我说可能是因为感受过强烈的压抑,无意识地给记忆盖上了盖子。那是一段郁郁寡欢的时期,如果说到快乐的记忆,也就只有新年聚会时篠崎老师表演的魔术了。

尽管如此,我还是坚持了下来,这全靠母亲的拼命努力。

母亲在我身上倾注的精力非同小可。刚开始的时候,我看不懂乐谱,她就用铅笔在大张的和纸上画五线谱,再画出直径一厘米的大音符教我。维瓦尔第的《a小调协奏曲》,是每个小提琴初学者都要拉的,母亲也是用这种方式全曲手抄的。那手写的乐谱至今仍是我的宝贝。那时,母亲一边弹着榻榻米房间里的小风琴,一边督促着我练琴。从这里到这里，拉30次。家里有一种像算盘一样数圆珠的玩具，拉一次，就从右向左拨一个小圆珠。

我一不用心就会挨骂，常常哭得稀里哗啦。父亲站在拉门的另一侧，竖着耳朵，不停地祷告："今天不要再被骂了"。偶尔因为不想练琴，我就躲在壁橱里，有时躲在厕所里不出来。弟弟在一旁看着，甚至说："我不想变成姐姐那样。"母亲也不打算让男孩子认真学音乐，所以弟弟学了一年左右就放弃了。

即使不像我这么痛苦，也不会有喜欢练习、自发地练好几个小时的孩子吧。无论多么喜欢音乐，基础的练习也是单调而辛苦的，幼小的孩子不可能心甘情愿地坚持下去。如果想学小提琴或钢琴，早期教育是必须的，但父母的努力也是必不可少的。如果没有母亲的执着和忍耐，我也不可能走到今天。母亲对我倾注了全部的心力。现在，我有了自己的学生，再次感到小时候的基础是多么的重要，所以对母亲我是无以为报的。

话虽如此，那个时候我们家总是狼狈不堪。我和弟弟的房间都在二楼，另外还有一间和室，经常是我在正中间的房间里，从早到晚都在拼命地拉着小提琴，弟弟在隔壁房间里学习，他不愿意被我的声音吵到，就用大音响放着民谣。我觉得那个声音太吵了，就越拉越响。在日式房间里,父亲一边唱着民谣小调一边练习舞蹈。那期间最辛苦的肯定是弟弟吧。

打下音程的基础

在篠崎老师教了我四年之后,我敲开了小野安娜老师家的门。

小野先生的父亲是俄罗斯帝国高级官僚,母亲则出身贵族之家。她同亚莎·海菲兹(Jascha Heifetz)、埃弗雷姆·津巴利斯特(Efrem Zimbalist)、米沙·埃尔曼(Mischa Elman)等小提琴家一样,从小跟随莱奥波德·奥尔①(Leopold Auer)学习。1917年,她和在俄罗斯留学的小野俊一结婚,第二年去了东京。后来虽然与丈夫离了婚,但她仍沿用小野安娜的名字,继续住在日本。直到1958年回苏联为止,小野先生一直长期致力于日本的音乐教育,为世界培养出了像诹访根自子、岩本真理、潮田

---

① 莱奥波德·奥尔(1845年6月7日—1930年7月15日),匈牙利小提琴演奏家、作曲家、音乐教师。奥尔被人们称为全球最著名的小提琴演奏家之一。他培养了数位后来名声大噪的音乐家,如埃弗雷姆·津巴利斯特、米沙·埃尔曼、亚莎·海菲兹等人。

益子、前桥汀子和浦川宜等等大批杰出的小提琴家。

在跟随小野先生之前,她让我先接受村山信吉先生的指导,同时也参加了桐朋学园的"儿童音乐教室",我每周六从涩谷乘坐包租的巴士去仙川上课。我在音乐教室学习了视唱练耳与和声,还在管弦乐团演奏,结交了很多朋友,也是在这个时候知道了斋藤秀雄先生的名字。两年后,我开始接受小野老师的正式指导。

跟随小野老师的时候,我已经上初中了,但还是很消极、听话,只是按照老师说的拉。尽管如此,我还是从小野安娜老师的《小提琴音阶教程》中受益匪浅。我觉得那是世界上最好的教程,它以奥尔的方法为根本,只是把非常简单的音阶练习排列在一起。在一周两次的课程中,每次都要拉一组不同的大调和小调,即使想用和上周一样的方式蒙混过关,老师也一眼就看穿。

那个时候,我只觉得自己在忙于练习音阶,但现在看来,这是非常实用且有效的练习。现在,我让所有的学生都这样练习,我自己每天的练习也是从"小野安娜"开始的。从 C 大调开始依次拉音阶、双音、三度、六度、八度。接着,会拉瓦尔葛的练习,也是将所有的调拉一遍。这是每天的基本练习。弦乐器演奏者上了年纪后,有时会无法准确地控制音准,而正是在这种时候,这本教程中灌输的基础才能发挥作用。

第一次自己做决定

不知不觉,到了该上高中的时候了。据说在音乐教室里学习的朋友都选择进入桐朋学园。桐朋学园的音乐系,起源于 1948 年开设的"儿童音乐教室",随着第一批学生小泽征尔等人的成长,学校于 1953 年在桐朋学园女子高中开设音乐专业,1955 年扩大为短期大学,1961 年扩大为大学。是和大家一起去桐朋,还是去国立东京艺术大学附属高中,我有两个选择。

国立东京艺术大学继承了东京音乐学校的传统,可以说是日本音乐界的最高学府,对培养教育工作者、学者等学术性方面也非常重视。与此相反,桐朋是一心想培养出世界级演奏家的学校,是一所注重实际技能的学校。

这时,父母第一次询问我的意愿。我什么都没想过,我并没有决定将来要成为音乐家,也没有仔细思考过自己为什么要学习音乐。原以为将来的事也会有人替自己决定,现在突然被问到,也不知道该怎么办才好。

父母更倾向于从艺高直接进入艺大,父亲说:"像信子这样的孩子,比起进入桐朋做凤尾,还不如在艺高当个鸡头,不是更幸福吗?"那时的桐朋,被认为是出类拔萃、拥有在竞争中取胜精神的孩子才会去的地方。被这么一说,我就不想去艺高了。

犹豫到最后一刻,我说:"去桐朋。"

我并没有什么特别的理由,只是觉得朋友们都去桐朋了,艺高不适合自己而已。但是,那是我有生以来第一次自己思考决定的事情,这次不是母亲的意愿,是我自己的决定。

玫瑰色的日子

1958 年,我进入桐朋就读,一扫以往灰色暗淡的日子,一切都变成了玫瑰色,所有的事情都很新鲜,高兴得不得了。以前一直读女校,现在变成男女同校,身边有男孩子很开心。大概这就是爱笑的年纪吧,就连筷子掉到地上也会开怀大笑,每天都有笑不完的趣事。从前削瘦、脸色阴沉、可怜兮兮的我,不知跑到哪里去了,人渐渐胖了起来,精神振奋。进入高中后,母亲也不再过问练琴的事。我想,这就是母亲了不起的地方。

　　学校的所在地和现在一样,位于东京都调布市的仙川,从新宿坐京王线的慢车大概二十分钟多一点。虽然现在那里变得相当热闹了,但那时周围是一片什么都没有的田地,校舍也是破旧的木造房屋。

　　"老师,今天天气很好,我们去散步吧。"我们央求老师在上课时间出去散步,大家一起躺在草坪上,就这样我们常常欺负老师们,不仅弄哭过男老师,还有一位年轻的英语老师,可能是受不了,辞了职。我们还在一块大石头上写了胡编的"十诫",然后摆在了讲坛上,真是一群顽童。那时学校既没有校规,对考试和作业也没有什么规定,完全是学生掌握着主导权。放学后(有时甚至逃课),也常常在涩谷的东急文化会馆看两部电影,然后才开开心心地回家。

　　我刚进高中时,桐朋一个年级不到50人,学制为短期大学,有点儿像私塾教育。老师们都很年轻,为建立新时代的音乐教育而热血沸腾。吉田秀和老师教我们语文,带我们读了《劝学》。吉田老师上课时非常严格,常常让我们按顺序站起来朗读课文,一次有个男生把"总而言之"读成了"言而总之",一下把老师激怒了。教英语的是丸谷才一老师,他给我们讲过希腊神话。音乐史是远山一行老师。现在听来都是些令人难以置信的响当当的人物,可那时我们什么也不懂,回想起来既有歉意又十分可惜。毕竟是高中,应该有数学和物理课的,但我什么都不记得了。那种自由自在的学校生活,现在是不可能有了。

伊集院先生和桐朋的伙伴们

我很喜欢秘书长伊集院清三老师。每天早上去学校,我都会先去伊集院老师那里打个招呼,老师也很喜欢我。作为斋藤秀雄先生的"贤内助"角色,伊集院老师为桐朋学园的运营可谓鞠躬尽瘁,他也是学校里唯一能在斋藤老师大怒时敢和他说话的人。他是大久保利通的孙子,毕业于学习院大学。据说他想成为音乐家,钢琴也弹得很好。他有粗粗的眉毛、大大的眼睛,顽童们背地里称他为"秃头和尚",模仿他典雅的鼻音,制造各种恶作剧,但他从来不生气。

伊集院老师真的很喜欢音乐,尤其把莫扎特视为神明。每次见面,自始至终都是莫扎特的话题。去老师家玩,他会弹莫扎特的钢琴曲;一起去吃寿司,也会讲莫扎特的典故。就这样,老师那颗热爱音乐的心感染着我们。

身为演奏家的斋藤老师,与身为听众的伊集院老师,用不同的方式热爱着音乐,这对当时的我产生了莫大的影响。伊集院老师让我感受到了音乐的崇高,以及如何用谦虚的态度对待音乐。

每次老师见到我都会说:"今井,你是一颗幸运星。"当时的我感到莫名其妙,只是"啊"的回应一声,现在回想起来,我确实受到了很多朋友的眷顾,得到了不少支持,也许正如老师所说的我是幸运儿。教我读森鸥外和安娜·玛格达丽娜·巴赫(Anna Magdalena Bach)的也是伊集院老师。毕业出国后,偶尔也会收到老师充满深情的信,老师的存在,无论何时都是我精神上的支柱,看到现在的我,我想最高兴的应该是伊集院老师。

当时的在校生中,人才辈出。同班同学(七期生)有小提琴演奏家安艺晶子、石井志都子、潮田益子、建部洋子、深井硕章、松田洋子,大提琴演奏家堤刚,指挥黑岩英臣。低一年级中,有小提琴手梅津商美子、宗伦国、二宫夕美、前桥汀子,大提琴手原田祯夫和安田议一郎。石井在高二时获得了隆-蒂博(Long-Thibaud)国际比赛的第三名,之后他就留在法国学习了。潮田在三年级前去了苏联,前桥也去了苏联,安艺和建部去了美国留学,终于轮到我当学生管弦乐团的首席小提琴手了。我那时的水平在学校里应该算是中下吧。

为谁而学的音乐

当时的桐朋充满着新生儿般的朝气,不论学生还是老师,所有人不断释放出的能量汇集成一个波澜壮阔的巨大旋涡,其中心就是斋藤秀雄老师。

我还在音乐教室学习的中学时期,遇到了斋藤老师,他要求我演奏室内乐。于是我与安田议一郎和铃木七星组成了三重奏,一起练习了海顿的《G大调钢琴三重奏　作品73》。

进入高中后,斋藤老师担任我的小提琴课和管弦乐课老师,无论是音乐的结构、左手的功能还是右手的运弓方法,老师都谆谆教导、一丝不苟。老师的父亲是了不起的英语学者斋藤秀三郎,他尤其以语法理论的系统研究和语法著作而闻名,被誉为日本英语教育的奠基者。也许是遗传了这种基因,老师也是个对事物进行彻底分析、语言明快的人。

不仅限于音乐领域,一般的老师在回答学生提问时,经常会说"都有可能吧"或"视情况而定",甚至说"无法用语言表达",而斋藤老师绝不会这样讲。例如,迄今为止人们还是认为,右手运弓的动作,要一边听一边感觉才能记住,而斋藤老师将其分解为运弓的速度、压力、运弓的位置等，然后系统地进行讲解。关于揉弦（Vibrato，颤动按弦的手指，使音高略微摇摆的演奏方法），是向上还是向下，幅度如何，速度如何，以及与感情有什么关系，他都一一详细分析讲解。实际上并不是所有的技术都要进行如此的分割，但斋藤老师总是析精剖微。

那时我们有一堂"演奏诠释"课，通常是某位同学演奏完一首曲子，其他学生就要发表个人意见。大家都不知道该说什么，这时老师就失去了耐心，总会大声地问道："你们到底是为了什么在学音乐的？""到底是为了谁学的？"突然被这么一问，大伙儿更回答不上来了，总觉得是必须要学的，也不知道为什么，这才是心里话吧。有个同学回答说："为了自己……"也许吧，我想。这时老师勃然大怒："这是不可能的！不是为了自己！我们是为了别人，为了艺术而学的。"我们的工作就是为音乐服务，大概我是从那个时候开始明白了这个道理。

斋藤秀雄老师的教诲

但是，如果将"为了他人"照字面意思套用在演奏上，也就是为了让听的人听得懂而演奏。让人听得懂的演奏是斋藤老师教导我们的根本,他苦口婆心地要求我们,如果是渐强,就"把声音逐渐调大",如果是渐慢,就"放慢一点",让听的人可以感受到。当时的我们相信只有这样做才是对的。

出国以后,才发现这样做完全行不通。人们批评我的演奏表现得太过头,不自然。渐强时有如火车迎面而来,声音越来越大,很奇怪。这是我离开日本后受到的最大打击,动摇了我的自信,后来竭尽全力才重拾了信心。那时我仔细倾听别人的演奏,有火车扑面而来的渐强,也有声音逐渐变得宽阔明朗那样的渐强,原来声音也有如此丰富多彩的形象。如果只是像我之前那样做就可以让人听得懂,那将是多么的无聊。

话虽如此,这些细节在日后积累了经验后可以修正,但斋藤老师为我们学习音乐打下的基础以及他传达的成为音乐家根基的重要思想,是任何东西都无法替代的。正因为如此,几十年后,当同学们再次聚集在斋藤纪念管弦乐团演奏时,一下子就合上了拍,"斋藤老师是这么说的吧",这样一句话,彼此就心领神会了。更重要的是,老师的存在本身就给了我们巨大的精神影响。

老师热衷于音乐,"那首曲子太棒了!""如果让艾萨克·斯特恩(Isaac Stern)演奏巴托克,世界上没有比他演奏得更好的了"等等,一开口就停不下来。我想他是发自内心地喜欢音乐。音乐家应该尊重音乐,为音乐服务,音乐是不允许妥协的,修行是永无止境的。斋藤老师教会了我最重要的事情。

但不管怎么说,他是个可怕的老师。我们经常被骂。管弦乐团的练习如果迟到就麻烦了,"你迟到五分钟,就等于浪费了大家五百分钟的时间!"老师会当着所有人的面怒吼。不是开玩笑,只要不是父母去世,管弦乐团的练习就不能请假。

如果练习不顺利,老师就会立刻瞪大眼睛怒吼:"你们这些人,这里可不是新娘学校!"指挥棒就会飞过来,乐谱架会被踢翻,随之把眼镜也摔在地上。因为这突如其来的爆发,学生们吓得缩成一团,在一片紧张的死寂中,不敢出声。伴随着急促的脚步声,老师拂袖而去。过了一会儿,学生中的几个代表一起去找老师道歉。老师通常在外面一边擦着他的性感小红粉(学生们这样叫)雪佛兰爱车上的灰尘,一边等着学生们来叫他。一听到学生那小心翼翼的"对不起",老师的情绪马上就缓和了。虽然大家一被骂就害怕得不得了,但每次都能在一瞬间就平息了。

斋藤老师也有很可爱的一面。上大学的时候,我们曾邀请他："老师,下次一起去后乐园玩吧。"因为老师不收我们四重奏课的学费,所以大家想带他出去玩儿,作为答谢。当时先生大概六十多岁吧,我们半恶作剧式地让老师乘坐了旋转飞椅,一种高速旋转后制造离心力,最后一下子掉到地板上的游乐设施。下来后的老师,脸色苍白,全身瘫软。结果那天,其他的游乐设施老师什么也不能坐了,但大家像孩子一样玩了一整天。

和老师去滑雪的时候,我们也会彻夜打牌。去国外的时候,老师会买很多弱音器(装在琴桥上,用以降低音量的装置)回来,作为礼物分给大家。

那是大学一年级的时候吧?我第二次参加每日新闻主办的音乐大赛(现在的日本音乐大赛),结果,第一次预选就被淘汰了。本想能进入决赛的,没想到第一轮就被刷下来了,这对当时的我来说是很大的打击。斋藤老师看到我的表情,大概觉得我很可怜吧,那天他说不用去管弦乐团练习了,还邀请秋山和庆、饭守泰次郎一起去喝酒。那个时候,真的切身体会到了老师的温柔和体贴。不管表面上看起来多么可怕,骨子里其实是充满着人性的温暖的。

正因为如此,在我的心目中,斋藤老师与其说是可怕的,不如说是我最喜欢的老师。据说大提琴的弟子们一到上课前一天晚上就睡不着觉,看来他对男生的要求特别严格。相比而言,老师对我是和蔼可亲的。但是,无论我们多么害怕他,无论挨他多少骂,大家还是跟着老师,斋藤秀雄老师就是有一种让人无法抗拒的吸引力。

了解声音的美

那时,在跟随斋藤老师、雅克·蒂博(Jacques Thibaud)的弟子让·伊斯纳老师(Jean Isnale)和比利时人罗伯特·索埃坦老师(Robert Soëtens)学习的同时,我也开始和江藤俊哉老师学习。

江藤老师曾就读于和茱莉亚音乐学院齐名的柯蒂斯音乐学院,师从埃弗雷姆·津巴利斯特,1959 年在卡内基音乐厅首次登台,大获成功,归国之前他曾在柯蒂斯任教。我们这一代是最早师从江藤老师的学生,之后江藤门下也培养出了不计其数的小提琴家,后来成为维米尔四重奏(Vermeer Quartet)成员的什穆尔·阿什肯纳齐(Shmuel Ashkenasi),也是江藤老师在美国时的弟子。

江藤老师循循善诱地引导我们认识声音之美,最初的半年只练习空弦,从基础的基础重新开始。他的教学方法极为理性,为了发出优美的声音,拿弓的手指应该怎么放,左手的手指应该怎么按弦,不能压弦等,这些都被老师一一严格地教导。他总是强调"倾听"比什么都重要。老师也会拉给我们听,他的琴声优美动人,那不是硬拉出来,而是轻松自然流淌出来的声音。我第一次听到整个乐器共鸣的声音,在之后不断地聆听中,耳朵也渐渐记住了如何让乐器产生共鸣。

"让我们制造一点气氛吧。"老师说完就关掉了房间的灯,他借着一盏小台灯的光演奏给我们听。别说我了,就连陪着我上课的妈妈也听得如醉如痴。老师钢琴也弹得很好,给我伴奏时,那和声真是美妙极了。伴随着老师的琴声,拉琴变得自然而轻松,我一边拉一边陶醉在自己的音色中。直到现在,我还清楚地记得老师说过的话。老师教我用身体感受声音,让自己与音乐融为一体。江藤老师的课,为我日后的进步打下了坚实的基础。

决心成为音乐家

真正下决心想成为音乐家是在高三的时候。

斋藤老师去欧洲出差了几个星期,取而代之的是布罗杜斯·厄尔（Broadus Erle）老师来指导管弦乐团。厄尔老师当时担任日本爱乐交响乐团的首席小提琴，从1950年开始在桐朋执教。

我们排练的曲子是莫扎特的《♭E大调第三十九号交响曲》，在第二乐章中，有一段音乐在大小调间不断变换，乐思的变化也令人眼花缭乱。厄尔老师说"这里的声音是深绿色的""这里阳光照进来映出嫩芽的新绿""这时夜幕降临渐渐变成蓝色……"

那是我有生以来第一次知道声音是有颜色的，在那之前，我经常听到的是"乐句的起承转合"等结构问题，或者"开心、高兴"等曲子中蕴含的感情，或者说是"感觉"。第一次听到声音可以用颜色表现，拉着拉着突然觉得，啊，好开心！心想，原来我也能做到这一点，于是内心充满了喜悦。

那时的情景和声音迄今我都记得清清楚楚，就是在那一瞬间，我发自内心地想成为音乐家。

那不是一对一授课时，而是作为管弦乐团的一员拉琴时听到的。即便是厄尔老师，也没有想特意去教什么，只是随口说出了那些话。但是，那平淡无奇的一瞬间，却明确地决定了我人生的方向。后来，我到美国留学，依然师从厄尔教授学习室内乐。

终日沉浸在室内乐中

那段时期,我迷上了室内乐。高三那年的6月,梅津南美子担任小提琴手,我拉中提琴,安田谦一郎拉大提琴,我们在校内的音乐会上演奏了莫扎特的弦乐三重奏嬉游曲。那是我第一次在室内乐中拉中提琴。进入大学后,由黑岩英臣担任中提琴手,组成了桐朋弦乐四重奏团。梅津和我轮流担任第一小提琴手,我们拉过莫扎特、德彪西和巴托克等作曲家的作品。原田幸一郎拉第二小提琴时,就由我来拉中提琴,有一年深井硕章也来拉过中提琴。

如今,桐朋的室内乐演奏是必修课程,但当时并不是正规课程,也不能获得学分,但这是我们一心一意想做的事情。斋藤老师很高兴地看着我们如此热衷于室内乐。

那时,我、梅津和安田三人,形影不离,即使去学校上课,也会请同学代劳点名,或者点名后就溜出去,我们不厌其烦地拉着室内乐。不光拉琴,也一起疯玩,总之早上出门,半夜才回家。有时也会在梅津家拉到天亮。拉着拉着,不知不觉安田的烟灰缸就满了,我去扔烟蒂,往外一看,东方的天空已经亮了。

不记得那是什么时候的事了,我们跑去千代田区三番町的斋藤老师家上四重奏课,结果老师对我们说:"今天不是你们上课的日子啊,是明天。"大家都特别失望,一边唠叨着"不能就这样回去啊",一边拖着不情愿的脚步走向电车站。

护城河边的道路,施工的声音很吵,我们决定下到河堤去看看。水边很安静,我们拿出乐器,背谱演奏起来。远处的天鹅被水面上的声音吸引,一只,又一只……悄无声息地靠了过来,树木的绿色融合了湖水的颜色,与天鹅炫目的白色交相辉映。我们一边出神地望着这不可思议的美景,一边继续拉琴。

从德彪西的弦乐四重奏开始,我们还拉了莫扎特的嬉游曲。但是,当开始拉巴托克的第二弦乐四重奏时,天鹅们立刻转身离去,我们怅然若失,看来它们不喜欢巴托克。后来,我把这件事告诉了斋藤老师,他非常感动,还转述给其他同学听。这一景象至今仍历历在目,令人难忘。

音乐需要想象力,我们四个人一起去看了电影《秋水伊人》(The Umbrellas of Cherbourg, Les Parapluies de Cherbourg)。当看到茉莉(Geneviève)和奇(Guy)在冰雪中的加油站重逢又分别的最后一幕,我忍不住哭肿了眼睛。

茱莉亚弦乐四重奏(Juilliard String Quartet)来日

本访问演出的时候,我们也参加了他们的大师班①(公开课)。当时这个四重奏成立了大概有15年,以第一小提琴手罗伯特·曼恩(Robert Mann)和中提琴手拉斐尔·希耶尔(Raphael Hillyer)为首,大家都是正值三四十岁的壮年,活力四射。我、梅津和安田一起忐忑不安地登上舞台,演奏莫扎特的嬉游曲。

到了现场提问环节,不知什么人问道:"如何解决音准问题呢?"他们回答说:"我们在音准方面也有很多问题,现在也在努力解决中。"我还记得当时莫名地感到安心和高兴,心想已经是这么棒的四重奏了还有音准问题。所谓四重奏,四个人的音准必须配合到极其微妙的程度,才能渐入佳境。但我们也不知道应该怎样配合,只能一边反复试验,一边练习。斋藤老师采取了放任主义的态度,并不刻意教给我们什么。

在摸索中学习

一切都在摸索中,不仅是室内乐。在斋藤老师的指

① 大师班(masterclass)是一种由大师授课的高级音乐讲习班。

导下,我第一次学习莫扎特的交响协奏曲时,一开始也不知道该怎么拉。我和拉小提琴独奏的梅津想一起找些唱片来听,但当时学校里没有相关资料,唱片也不那么容易买到。于是我们去了位于内幸町的 NHK 资料室,听了大约十种版本的录音。斯特恩是这样拉的,普利姆罗斯(Primrose)的指法是这样的,奥伊斯特拉赫(Oistrakh)是这么诠释的,这里节奏慢,这个快……就这么一边讨论,一边记笔记,常常一听就是一整天。

不单那种时候,平时我也经常听唱片。从高三开始,我养成了听唱片的习惯,只要是觉得不错的唱片,就会反复听,最后听到磨平了唱片的沟纹。拉弦乐器的人只要听着唱片,就能完全知道演奏者在哪里换的弓,用的是哪根弦,使用的是什么指法。还有滑音(将声音流畅地连接起来的演奏方法),我一听老版录音就知道是怎么拉的。米沙·埃尔曼、帕布罗·卡萨尔斯(Pablo Casals)、雅克·蒂博、弗里茨·克莱斯勒(Fritz Kreisler)……我听了这些大师们的演奏后,就模仿着试奏,那时确实在这上面花了很多时间。

不像现在,仅东京每天就有几十场音乐会,维也纳的新年音乐会也会现场直播。那时,很多曲子,我都从来没有听到过实际演奏出来的声音效果,只能凭借乐谱练习,订购的乐谱也需要好几个月的时间才能寄到。总而言之,只要能买到的乐谱就都买来,然后狼吞虎咽般地练习。没有资料,就拼命地运用想象力,不停地思考。没有近路可抄,也很容易犯错误,但也正是因为如此,达成目标时的喜悦也是满满的。今天,乐谱、CD 和各种信息都可以在电脑上一键获取,但哪种情况更使人有充实感呢?

桐朋时代所经历的事情,一件一件都深藏在我心中,撞击着心灵,成为无比宝贵的经验。看起来平淡无奇的事情,其中的感动是很重要的。我认为,无论是作为音乐家,还是作为人,全身心地去接触事物,拥有敏锐的反应能力,都至关重要。如果只是往返于大学与家之间,即使每天能练习十个小时,内心也会变得迟钝。如果没有心灵和感动相伴,无论技术多么完美的演奏都没有什么意义。

桐朋时代的我,什么曲子都想拉一拉,室内乐也想试一试,还想去国外见识新天地,心中充满了对未来的憧憬。被老师们的热情洋溢所感染,和难得的伙伴们一起忘我地投入音乐中,一起尽情地玩耍,对所有的事情都迎头冲上去。那时候的能量,可以说是我现在力量的源泉。在桐朋的经历是我的珍宝,是我光辉灿烂、丰富多彩的青春时代。

第 2 章

发现中提琴

1964 年在坦格伍德(Tanglewood)

左起安田谦一郎、我、梅津南美子、尤金·雷纳(Eugene Lehner)老师

我第一次拉中提琴，是刚进桐朋不久。在管弦乐团，老师要求学小提琴的人也必须拉中提琴，这是我第一次接触到这件乐器。当时没有中提琴专业，也没有老师，所以管弦乐团的前辈会教我们认中音谱号（标记中音域的谱号，五线谱的第三条线上的音是 Do）。小提琴的乐谱是写有音标的一级乐谱，而中提琴则是五线上的同一音符，只是会低五度，所以在习惯之前，经常会拉错一个八度。

但是，每次拉中提琴，我都有一种不可思议的解放感。在乐团里坐上中提琴席位，总觉得很开心，而在小提琴席位上就不那么快乐了。小提琴的声音对我来说太尖锐了，而中提琴总是能发出自己想要的声音，与它有一种莫名的契合感。

学校里的中提琴就像三合板箱子一样粗糙简陋，拉起来嘎吱嘎吱地响，为了让它发出好听的声音，大伙儿真是绞尽脑汁，想尽了办法。听到深井硕章演奏乔治·埃内斯库（Georges Enescu）的《罗马尼亚狂想曲》中那绵长的中提琴独奏时，我感动极了，原来中提琴可以发出这样的声音……那个声音至今还在脑海里，那是一种难以言喻的感官性声音。

小提琴和中提琴

话虽如此,无论多么喜欢中提琴,我也从没想过要改拉中提琴。1960 年的日本,还没有中提琴独奏者,担任室内乐中提琴的演奏家也都在管弦乐团任职。桐朋那时也还没有中提琴专业,更没有老师。

纵观世界乐坛,情况也大抵如此。近代中提琴演奏者的始祖——莱昂内尔·特蒂斯(Lionel Tertis),随后活跃的保罗·欣德米特(Paul Hindemith)(他在日本主要是以作曲家身份闻名,同时也是一流的中提琴演奏者),二人也都年事已高,后继无人。而能称得上独奏家的,也只有后来在艺术大学教书的威廉·普里姆罗斯(William Primrose),以及我的老师瓦尔特·特朗普勒(Walter Trampler)、布鲁诺·朱兰纳和丽莲·富克斯(Lillian Fuchs)。除此之外,虽然也有一些优秀的中提琴演奏者,但他们大都是在管弦乐团任职。

中提琴是调弦比小提琴低五度的弦乐器。形状和小提琴一样,但为了发出低沉的声音,比小提琴琴身平均长了十厘米,弦也比较粗,也重了不少;为了拉动较粗的弦,琴弓也要比小提琴重一些。所以,拉中提琴比拉小提琴更需要体力(但不可思议的是,并不是体格健壮高大就更有利)。

与规格几乎统一的小提琴不同，中提琴的大小参差不齐，演奏者可以根据自己的体格和音色选择乐器。中提琴音色圆润温暖，有深度，表现力丰富，特别是中音域的音色，有着其他乐器绝对无法展现的魅力，用金枪鱼来比喻的话就是最肥美的大腹肉。

中提琴的演奏方法基本与小提琴相同，教程和练习曲也多沿用小提琴用的曲子(降低五度)。从很久以前，小提琴家们就经常演奏中提琴，但发声的方法完全不同。就像钢琴、羽管键琴和风琴，虽然琴键看起来一样，但弹奏的方法却有着根本的不同。

直到18世纪中叶，中提琴都是管弦乐团内才使用的乐器，随着弦乐四重奏的发展，中提琴成为室内乐中不可或缺的存在，但几乎没有作为独奏乐器出现。在19世纪末，英国的莱昂内尔·特蒂斯登场之前，几乎不存在中提琴独奏家，独奏曲和协奏曲的保留曲目也不到小提琴的十分之一。在管弦乐团中，它被夹在演奏华丽旋律的小提琴和演奏琅琅低音的大提琴声部之间，扮演着不起眼的角色。人们常说它是被烟尘遮盖了表面光泽的银子，深藏不露，而嘲笑中提琴演奏者的"中提琴笑话"[1]也在全

---

[1] 调侃中提琴声音难听、中提琴家技术欠佳之类的各种笑话。

世界流传。

也就是说,在20世纪60年代人的一般观念中,没有人会把中提琴演奏作为志向。不可否认,在人们的印象中,它是手指不怎么灵活、不太擅长演奏小提琴的人演奏的乐器。在桐朋的管弦乐团中,也有很多人不愿意被转到中提琴。因此,即使再怎么被中提琴的音色吸引,我也没有要放弃小提琴转向中提琴的想法。

高中三年级时,我和梅津、安田组成三重奏,演奏了嬉游曲,江藤老师对我说:"你的中提琴拉得不错嘛。"现在回想起来,江藤老师真是慧眼识人。但当时我的心情很复杂,不知该如何回应才好。说真心话,明明学的是小提琴,却被人夸中提琴拉得好,心里怎么也高兴不起来。

桐朋学园的美国巡演

1964年,大学四年级的夏天,纽约召开了万国博览会,桐朋学园弦乐团要去美国巡回演出。那可不是谁都能轻易出国的年代,也是1964那年,日本刚刚开放了一年仅限一次的海外自由旅行,所以出发前我们受到了各界的瞩目。桐朋的第一届毕业生、现在担任斋藤纪念管弦乐团经理的志贺佳子女士给我们上了英语课,但也只是"这种时候要用 How do you do?"的水平。当时的美国驻日大使是赖肖尔先生,出发前在美国大使馆为我们举行了盛大的招待会,对我们来说就像预演一样。记得当时非常紧张。

由高中生和大学生组成的总计73人的管弦乐团,于7月7日从羽田出发。我们要演奏的曲目有维瓦尔第的《四季》、柴可夫斯基的《弦乐合奏曲》、勋伯格的《升华之夜》、莫扎特和巴托克的嬉游曲等。指挥主要是斋藤秀雄先生和小泽征尔,秋山和庆先生、饭守泰次郎先生、黑岩英臣先生、竹前(德丸)总子等人也一起同行。记得当时我是演奏巴托克的首席小提琴手。

7月9日在加利福尼亚大学洛杉矶分校的罗伊斯礼堂(Royce Hall)演奏后,我们又去了东海岸,在纽约的林肯中心以"日本周"的名义连续演奏了八场。

每次演奏会,主要报纸都会刊登评论,而且都用"音乐的奇迹""价值百万美元"等惊人的赞誉。音乐会所到之处,场场爆满。大概是学校的"三合板中提琴"发出的声音太过难听了,有观众觉得我们使用那么粗制滥造的乐器太可怜,于是就有人发起了购买中提琴的募捐,居然还募集到了相应的金额。

我们所有人都尽情体验了第一次的美国之旅。飞机靠近洛杉矶时,透过机窗仅仅看到高速公路上川流不息的车辆,我们的心跳就加速了,美国就像我们在电视剧里看到的那样。那时我们都戴着同样的帽子,穿着水手服一样的蓝色衬衫,为了不迷路,在街上常常排成一列纵队。旅途中我们一般借住的都是学生宿舍或是简朴的旅馆,餐厅有时会端出像草鞋一样的巨大汉堡,让人吃不消。演奏会的间隙,我们去了迪士尼乐园,还坐游船游览了曼哈顿岛。

在林肯中心的音乐会圆满结束后,我们参观了万国博览会,还在坦格伍德(Tanglewood)音乐节现场举行了音乐会。第三天清晨,我们去了康涅狄格州的诺福克(Norfolk),这里有耶鲁大学的夏令营,已经在那里留学的同班同学安艺晶子和松田洋子邀请我们来演奏。早上九点,我们就穿着便服演奏了一场,之后就从纽约肯尼迪国际机场飞往了旧金山。在那里演完之后,又去火奴鲁鲁举行最后的音乐会,大伙儿于7月27日回国。三周内大大小小的音乐会就有14场,日程密集得可怕。不过,斋藤老师同意我、安田谦一郎和梅津南美子可以在坦格伍德学习一个月,于是我们又从夏威夷回到了坦格伍德。

坦格伍德

坦格伍德位于伯克夏尔（Berkshire）的丘陵地带，从波士顿向西驱车三个小时即可到达。音乐节的会场像是一个大公园，广阔光滑的草坪上，长着枝叶茂盛的树木，并散布着几个大音乐厅。夏季，波士顿交响乐团通常将基地搬到这里，在此举办盛大的音乐节。与此同时，音乐节还为年轻的演奏家们开设夏季课程，以波士顿交响乐团的成员为中心，由一流的讲师授课。我们在坦格伍德音乐中心学习了一个月。

在这里上课时，给我留下深刻印象的是小提琴尤金·雷纳的室内乐。他是茱莉亚弦乐四重奏成员罗伯特·曼恩的好友，也是他们在精神和音乐上的助力者。他上课十分投入，有时会从桌子上跳下来跳上去，劲头十足。讲到舒伯特的弦乐四重奏的慢乐章中第二小提琴像流水一样的地方时，他说："在这里，爷爷想起自己年轻时候的事，说：'啊，在那里有小溪……'"这是第一次有人告诉我如何扩大想象力，真是大开眼界。

来这里上课的学生们还能听到音乐会。这里的音乐厅都是被称为"仓库"（Shed）的巨大扇形建筑，就像它的名字一样，没有任何造作的装饰。观众席后方对着外

面的草坪,是敞开的,在户外也可以欣赏到音乐会。草坪
席的票很便宜,所以总是有很多人带着去野餐的心情悠
闲地听音乐会。吹着清爽的风,躺在光滑的草坪上听着
音乐,别提有多舒服了。特别是从傍晚到夜间,天空的颜
色渐渐变成暗青色,星星闪烁的时候,是最美妙的。

被中提琴俘虏

7月31日,星期五。和往常一样,我和安田、梅津一起
躺在草坪上听波士顿交响乐团的音乐会。那天的曲目是
理查·施特劳斯(Richard Strauss)的交响诗《堂吉诃德》,
这是我第一次听这首曲子。根据塞万提斯的原作,以变奏
曲的形式描写了堂吉诃德和随从桑丘·潘沙的经历。

序奏开始后不久,传来了甜美的旋律,那是一种丰腴
饱满的音色。这是什么乐器? 我惊讶地跳了起来,伸长
脖子望向远处的舞台。不是大提琴,是中提琴! 那是中
提琴演奏的桑丘·潘沙的旋律。这是一段短小而美妙的
独奏,和在日本听到的只是调低小提琴的中提琴音色完
全不同,它更接近大提琴的"滔滔雄辩"的声音。

这才是真正的中提琴的声音! 我的心怦怦直跳。

如果能发出这样的声音,我绝对要成为中提琴演奏者。我想拉中提琴!那一瞬间,我下定了决心。只能说这是来自上天的启示。

演奏那段中提琴的是波士顿交响乐团的首席演奏家约瑟夫·德·帕斯夸莱(Joseph de Pasquale)。他使用的是16世纪意大利(被认为是最古老的中提琴)大型中提琴加斯帕洛·达·萨罗(Gasparo da Salo),音色极具魅力。他可以让乐器发出如意大利人歌唱般的声音,就像在听拿波里民谣(Canzone)。

音乐会一结束我就去找小泽征尔,拜托他:"请让我见见那位中提琴演奏家吧。"这种时候,我总会有一种突如其来的行动力。来到后台,帕斯夸莱正好走了出来,出乎意外的是,他个子矮小肥胖,有点儿像黑手党老大。"怎么能发出刚才那样的声音,我想成为中提琴演奏者,有可能吗?"帕斯夸莱递过自己的乐器说:"好,你拉一下。"我不记得拉了什么,拉了五分钟左右。拉完后,他看着我的手说:"啊,你的手真大啊,这样的话应该可以拉。"我在日本人当中,也并不算个子高的,所以听到他这样说,我简直要上天了。

"决定了!"立刻决定了。我没有和任何人商量,当时好像也没有告诉小泽和安田。

转　向

回国后,我立即向父母报告说要改学中提琴。只要你愿意就行,两人都没有特别反对,斋藤老师也只是"哦"了一声。不管怎样,乐器是必要的,偶然在报纸上看到"出售中提琴"的广告,在镰仓,我立刻就去买了。这也是一件很简陋的乐器,留学后就用不上了,只好向学校借琴,但当时还是买了。中提琴的曲子也只能想到巴托克的协奏曲,所以去银座的雅马哈买了乐谱。

关于中提琴,没有接受过任何人的指导,但不可思议的是,我并没有感到不安。斋藤老师一直教导我如何表达音乐,该怎么拉,从一开始就很清楚,也很有自信。或许与巴托克有特殊的缘分吧,就这样自己一个人练习,并在毕业考试时拉了巴托克的协奏曲,那时从坦格伍德回来还不到半年。

因为小提琴和中提琴的评分不同,我想就算拿去考试,也不会有人说什么,因为根本就没有专门教中提琴的老师。一进考场,老师们就问:"这是什么?""这不是小提琴,是中提琴。""为什么改成中提琴了?"他们不听我演奏,只是问我。大概,在毕业考试时拉中提琴是桐朋建校以来的第一次吧。老师们一脸不可思议地呆呆看着我,我觉得解释起来很麻烦，直接拉了起来。斋藤老师也只是笑嘻嘻的，一言不发。

我已经不在乎别人怎么想、怎么说了，我清楚地知道，我只想拉中提琴。尽管如此，我还是被选为毕业演奏会的表演者，演奏了巴托克协奏曲的第二、第三乐章。

去留学

那么，接下来该怎么办呢？如果要学习中提琴，除了留学别无他法。约瑟夫·德·帕斯夸莱当时在费城的柯蒂斯音乐学院任教，所以我通过当时在柯蒂斯的二宫夕美设法和他取得了联系，但是，没有回信。后来我才知道，帕斯夸莱是出了名的绝对不写信的人，那时候不像今天打国际电话那么方便，真是一筹莫展。不过说起来，我已经21岁了，也超过了柯蒂斯的入学年龄。

父母直接反对我留学，虽说让我学了音乐，但也没打算让我走专业道路。也许因为是女孩子吧，他们觉得我走过头了。父亲大概认为我不可能一个人去国外，所以对我说，如果一定要去，就先找个外交官结了婚再去吧。这是什么话，听得我汗毛都竖起来了。我根本不认为自己能胜任外交官夫人的工作,而且根本就没想过要结婚。我坚持一定要去,但父亲坚决不同意,越被反对,人就会变得越发固执,"好吧,那我自己想办法。"我赌气地说。如果当时没有那么多人反对,我也许就不会至今都如此努力。

如果父母不帮忙,那就只能靠自己了。我多方打听,最后申请了富布赖特项目(Fulbright Program)奖学金。柯蒂斯不可能,所以选择了耶鲁大学音乐学院,布罗杜斯·厄尔老师在那里任教。另外我还记得,桐朋巡演去诺福克的时候,耶鲁夏令营里有个叫大卫·施瓦茨(David Schwartz)的中提琴手,而且去耶鲁的话,安艺和松田也在,所以很安心。

在申请富布赖特时,需要提交堆积如山的英文材料,而这些文件都是由父亲介绍的人帮忙完成的。虽说一开始就坚决反对,但到最后帮助我的人,还是父亲。也许父亲觉得反正也考不上,才出手帮忙的吧,但是我很幸运地考上了,确定去美国留学后,对父亲的打击很大。出发前的一周,父亲卧床不起,一言不发。我因为能去留学而高兴得不得了,父亲生病什么的也不管不顾了,现在回想起来,确实是太过分了。

关于父亲

父亲从东京第一高中升入东京大学，毕业后在通信省工作，后来又转入通产省，最高做到局长。他虽然出生在京都的一家杂货批发店，但却有着优雅的门风，家人和店里的伙计们常常聚在一起吟唱谣曲。父亲有着一副男高音的好嗓子，也总是在浴室里惬意地高歌谣曲，他在东京大学念书时，还用问世不久的留声机听过贝多芬和舒伯特的作品。我还曾经听到过他用原文哼唱《冬之旅》，非常惊讶！当然，他也爱好观世流的能乐，也曾在松涛能乐堂举办的能乐会上演出。

我还清楚地记得，很小的时候，在舞台上看到过父亲的舞蹈，当时非常感动。我记得大概是在三井寺。那个舞蹈，从一丝不动的完全静止中突然活跃起来，情绪渐渐高涨，那股能量强烈地震慑住了我的心。我的感性或许是继承了父亲。

就在为是否留学争执之际，父亲从通产省煤炭局局长的职位上退下来，进入日本开发银行（现日本政策投资银行）当理事。入职银行不久，受下属之托，担任了行内器乐联谊会的顾问。据说那是一支20人左右的交响乐团，当年那位下属，就是如今著名的音乐制作人中野雄先生。

那时,中野先生也是家中的常客,即使后来父亲转任日本煤炭公司当社长后,也一直保持着交往。在他的帮助下,父亲买了高级立体声音响,还会莫名其妙地带着管风琴黑胶唱片回家,他突然成了古典音乐的乐迷。中野成了父亲的最佳听众,听完他对女儿不满的宣泄后,还要想办法安慰他。后来听说,父亲还曾向中野抱怨说:"信子做了我不希望她做的所有事情。""我不想和蓝眼睛的孙子用外语说话。"等等。

抵达美国

1965 年8 月,我从羽田机场搭乘泛美航空班机出发,踏上了留学的旅程。看当时的照片,羽田送行的人群中也有中野先生,还有很多父亲银行的同事。在那个时代,只要是去海外,就会聚集一群亲朋好友,浩浩荡荡地到羽田来送行。即将启程的我,也做好了暂时回不来的心理准备。

到达美国后,我先在堪萨斯大学上了为期六周的英语特别研修课,那是专门为当年富布赖特的留学生设置的课程。据说现在有足够的英语能力是富布赖特的入选条件之一，但过去是会提供这样的集中培训课程的。

留学生约50名，分别来自埃及、西班牙、秘鲁和墨西哥等多个国家，其中近一半是日本人（包括当时在美国统治下的冲绳人）。当时学校按照我们的能力分班，每天从早上八点半到晚上八点半，排满了课程，还有一大堆作业。学校还安排我们到寄宿家庭住了三天，课程设计可谓是煞费苦心。

现在回想起来，我一生中认真学习语言，也只有那段时间了。桐朋时代，满脑子都是音乐，根本没考虑过学习英语，其实也没有时间。留学前虽然上了英语会话学校，但一个月左右也于事无补。能用英语没有障碍地沟通，大概是留学十年后，作为四重奏成员工作的那段时期。四重奏的人际关系非常密切，排练时也离不开语言沟通，所以即使不喜欢，也必须努力加强语言的学习。

当然，世界上也有只用耳朵听，就能马上学会外语的人，而我是那种不坐在书桌前学习就不会记在脑子里的人。虽然当时有各种原因，但我还是很后悔，要是年轻的时候好好学习就好了。有了工作有了家庭，就更难顾及语言学习，而且随着年龄的增长，记忆力也会下降。如果想要在外国扎根生活，工作自不必说，日常生活，与朋友交往，语言能力都是基础。所以建议今后有志于音乐的人,至少会英语,当然再学一门法语或德语是最理想的。

　　在堪萨斯的留学生当中,也有很多是成年人,他们从事着医生或律师等职业。老师和学生中有很多人喜欢音乐,虽然大家的英语都不够好,沟通起来也很困难,但不可思议的是,说到音乐大家都可以心有灵犀。知道我们是学音乐的学生,大伙儿就邀请我和小提琴手矢岛广子一起开了好几场音乐会。虽然是第一次登台,效果却非常好,观众比我们还兴奋,我再次体会到了去年美国巡演时的感动。到了9月中旬,我就踏上了去东部的旅途。

第3章
室内乐的精髓

忘了是第几次的卡萨尔斯音乐节,举着相机的是我,
右边是卡萨尔斯,他背后是米尔顿·托马斯(Milton Thomas)

耶鲁大学是美国第三古老的大学,位于康涅狄格州的纽黑文,在纽约和波士顿的中间。这是一座非常具有新英格兰特色的文教城市,街道平静而美丽。

耶鲁大学,在日本人的印象中,是在政治、经济领域很有实力的精英大学,但它的音乐学院也颇具传统,特别是在作曲和音乐学方面,在世界上也是名列前茅的。被纳粹赶出故乡的作曲家欣德米特曾在耶鲁落脚,著名小提琴演奏家兼指挥家西蒙·戈德伯格(Szymon Goldberg)晚年在耶鲁大学执教三年。很多日本人都在耶鲁学习过室内乐。1974 年,斋藤秀雄先生(2022 年去世)被耶鲁授予桑福德奖章(Sanford Medal),老师是获得这个世界级音乐大家表彰奖项的首位日本人。

在耶鲁大学,我跟随大卫·施瓦茨老师学习中提琴,同时跟随布罗杜斯·厄尔老师学习室内乐,此外还学习器乐史等。我住在学校介绍的公寓里,室友是中提琴专业的安(Ann)和大学图书馆管理员凯西(Cathy)。我们三人每周会拿出七美元凑伙食费,在一周开始时,虽然只是买些谷物、面包、牛奶、肉等,但二十美元很快就用完了。有一次,我在附近的中华食材店发现了方便面,就高兴地买回了家,但过期很长时间了,所以一下就吃坏了肚子。

留学的孤独

耶鲁有安艺晶子和松田洋子,其他系也有几个日本留学生。从纽约坐火车要两个小时左右,父亲的同事们受父亲之托,会轮流来看我,还常请我吃丰盛的饭菜。那时父亲也经常来美国,曾经见过好几次面,所以,我并不是完全孤单一人。尽管如此,已经没有可以保护自己的人在身边了,孑然一身的这种感觉非常强烈。

语言不通,陌生的街道、陌生的人们,没有家人的房间。现在的美国和日本,在日常生活上已没有太大差别,但在当时,无论什么都是异国文化。一开始,不管是坐电车还是买东西,我都会忐忑不安,在肤色甚至眼睛颜色都不同的人群中,孤身一人。周围全是外国人,无论发生什么事,我都没有可以依靠的人,也不能轻易逃回日本。我心里想着自己要开始干大事了,那是一种近乎恐惧的孤独感。

最痛苦的是过年。此时此刻,日本的家人正在喝着紫苏茶吧?还是在吃着年夜饭?很多亲戚都聚集在一起了吧?这么一想,眼泪就莫名其妙地流出来了。我的英语还是很差,很难建立能弥补那种寂寞的人际关系,和室友之间的沟通也很困难,在聚会上随便说个 "Yes" 或 "No",对方突然就发怒了,我也经常莫名其妙地不知所措。

但我想,正因为经历了那种孤独,才会朝着独立的方向迈出一步。如果一直被人守护,安于熟悉的世界,就无法养成音乐家不可或缺的坚韧和自律。也许留学的一半意义正是在于体味这种孤独吧。以旅行者的心态去短期留学一到三个月,意义并不大。要习惯在国外生活,至少需要一年。手忙脚乱中,在远离保护自己的父母和老师的国外,即使不愿意也能学会一个人坚强地生活。如今,每逢假期就回日本的留学生并不少见,但也有必要下定决心去面对孤独。

布罗杜斯·厄尔老师

施瓦茨老师曾在托斯卡尼尼(Arturo Toscanini)率领的 NBC 交响乐团担任中提琴首席,同时他也是室内乐的中提琴演奏家。他人很好,但那时的我太狂妄自大,不买他的账,内心常有各种疑问:为什么要这样教呢? 室内乐大师布罗杜斯·厄尔的教导让我受益匪浅,在桐朋的时候就觉得老师是个天才,他是能叫人体悟到音乐本质的人。

　　厄尔老师的眼睛非常不好，戴着一副度数很高的眼镜，话不多，说话声音很小，但讲的内容却很深刻。在小提琴课上，他让我们进行了"压力练习"，就是把从没拉过的乐谱交给学生，让他们在全班同学面前练习三十分钟。也就是说，要把练习的过程展现在大家面前。平时，我们做了很多毫无意义的练习，一旦有了被人注视的压力，就会拼命思考该如何练习，从而提高练习的效率。使用这种教学方法的老师应该很少吧。

　　另外，他关于休止符的教学也给我留下了深刻的印象。在巴托克的第二弦乐四重奏中，有一个地方四个演奏者都是休止符，没有任何声音。啪嗒啪嗒拉到此处，在这一瞬的休止符期间，我们准备好了下一步。但是老师说："休止符是最紧张的，休止符也是音乐的一部分，你们不能想接下来的事情，也不能动。"他从不大声呵斥，但也正因为如此，才显得很有威严。

　　有一次，大学举办了现代音乐的发布会，我为了帮忙演奏新作品而拉了一段。演奏结束后，平时沉默寡言的老师眼眶湿润地说："你的中提琴是我听过的最好的。"虽然觉得那不可能，但真的很高兴。那时，中提琴已经成为了我身体的一部分，我对选择中提琴一点也不后悔，因为是想拉才拉的，这种心情从未改变。因为从来没有参加过比赛,所以完全不知道自己的实力,厄尔老师的一句话给了我难以估量的勇气。

比赛的奖金

1966年5月,那时我已经习惯了留学生活,决定参加在波基浦西小镇(Poughkeepsie)举行的新人大赛。波基浦西从纽约往北坐火车两个小时就能到达,那里有著名的女子大学瓦萨学院(Vassar College),1932年成立的管弦乐团非常活跃,哈德逊谷爱乐弦乐比赛(Hudson Valley Philharmonic String Competition)就是由该管弦乐团主办的。虽然比赛对象是小提琴、中提琴和大提琴,但不是按部门比赛,而是综合三种乐器后选出第一名,这是其他比赛没有的特点。中提琴的评委中,也有后来的导师瓦尔特·特朗普勒。

我那时转学中提琴还不到两年,保留曲目只有巴赫的第一无伴奏大提琴组曲、勃拉姆斯的奏鸣曲和巴托克的协奏曲,几乎只有这三首曲子,却因此获得了冠军。奖金500美元,这是我有生以来第一次拿到的奖金。在日本的外汇限额为500美元的时代,这已经是一笔不小的

金额了。考虑到一定要有意义地使用这笔钱,我决定去
参加普耶尔托利的卡萨尔斯音乐节。前一年,音乐节还
有补助青年学生旅费的制度,但这一年取消了。这成了
我人生中最好的决断之一。

卡萨尔斯音乐节

帕布罗·卡萨尔斯是 20 世纪最伟大的大提琴巨匠,
他独创了从未有过的现代演奏方法,将大提琴推上了独奏
乐器的地位,是不可多得的天才。要不是卡萨尔斯在镇上
的乐谱店里发现了巴赫的无伴奏大提琴组曲,早就被人们
遗忘了。如果没有卡萨尔斯,大提琴的历史也将会被改写。

卡萨尔斯从很年轻的时候就开始了国际演奏生涯,
第二次世界大战期间他隐居在比利牛斯山(les Pyrénées)
的普拉德(Prades),战后,他为了抗议佛朗哥政权的成立
而拒绝了一切演奏活动,1950 年又重新开始演出。1956
年,他搬到母亲皮拉尔和妻子玛尔塔的故乡波多黎各定
居。翌年(1957),卡萨尔斯音乐节开幕。以卡萨尔斯的
好友、担任音乐节助理的小提琴家兼指挥家亚历山大·施
耐德(Alexander Schneider)为首,音乐节每年都有来自世

界各地的顶级演奏家聚集在一起，卡萨尔斯则指挥管弦乐团。

1966 年第十届卡萨尔斯音乐节从 6 月 1 日开始，为期两周。客座指挥是尤金·奥曼弟（Eugene Ormandy），独奏者有米奇斯瓦夫·霍尔绍夫斯基（Mieczyslaw Horszowski）、伊戈尔·奥伊斯特拉赫（Igor Oistrakh）、阿图尔·鲁宾斯坦（Arthur Rubinstein）等人。会场是位于首府圣胡安（San Juan）的波多黎各大学的音乐厅。我当然是第一次来波多黎各，一句西班牙语也不懂，一到机场就暑气逼人，热得要命。

因为想去听管弦乐团的排练，所以就直接去了大学，很顺利地进入了音乐厅。时间一到，演奏家们就陆陆续续登上舞台，卡萨尔斯也出现了，他那时已经90岁了，当然，从未想过可以直接和他对话。

排练开始了，乐团好得惊人，也难怪，演奏者们不是独奏家，就是管弦乐团的首席。首席小提琴手是施奈德，小提琴手还有从茱莉亚弦乐四重奏转到美艺三重奏（Beaux Arts Trio）的伊西多尔·科恩（Isidore Cohen）。这样的阵容聚集在一起，自然能爆发出震天动地的能量。

但是，我一个人也不认识，犹豫着该怎么办，总得和谁讲讲话，才不虚此行吧。我很想和中提琴首席聊聊，那一年的中提琴首席是米尔顿·托马斯,他个子很高,和蔼可亲,看起来平易近人。休息时间,我鼓起勇气走过去搭话,因为英语还不够熟练,我事先写了张纸条,很礼貌地请求他:"我在学习中提琴,从日本来的,您能给我上课吗?"米尔顿很亲切,他马上就说,大老远从日本来的,就听听你演奏吧。

到了约定的时间,我到希尔顿酒店的房间找他,拉了巴赫的第一无伴奏大提琴组曲。拉完后,我望着他,他说:"你还需要学什么吗?你不需要老师,我跟你学比较好。"我一时不明白他在说什么,愣了一下,后来才会过意来,原来他是在夸赞我。

自那以后,米尔顿到处跟管弦乐团的人说:"找到一个很厉害的中提琴手。"我还没反应过来,就一下子成了大家的话题。他邀我去希尔顿附近的海滩玩儿,还给我上了课。不久,有人提议要我拉给大家听,于是米尔顿在希尔顿酒店二楼的休息室安排了一场名为"信子演奏巴赫"(Nobuko Plays Bach)的小型音乐会。甚至连面向海外的短波电台"美国之音"(Voice of America)也来采访我了。海滩上的音乐家们穿着短裤和夏威夷衬衫来听我演奏,施奈德也来了,都是些了不起的人物,当时我真是初生牛犊不怕虎。

演奏结束后,施奈德走了过来,邀请我去喝一杯。在酒吧他对我说:"你右手还好,左手太硬了。但是,已经非常好了。"

那时,我正烦恼着,是按照计划在耶鲁待两年,还是去茱莉亚音乐学院,在纽约的惊涛骇浪中锻炼一番。趁着这个机会,我问他:"您觉得现在在耶鲁学习好,还是去茱莉亚好?"施耐德回答说:"瓦尔特·特朗普勒在茱莉亚教书,现在马上去最好。"因为和父母约好了只留学两年,所以我解释说:"我只能再在美国待一年左右。"他说:"你去吧。"于是我勇气大增,决定参加茱莉亚的入学考试。

转学茱莉亚

已经是6月了,从波多黎各回来后,我立刻向茱莉亚递交了申请书,还给特朗普勒发了一封电报:"我想去跟您学习,您愿意收我吗?"没有收到回信,虽然很不安,但也没办法。我已经告诉耶鲁要退学了,只能背水一战。考试在9月。夏天有耶鲁的夏令营,大家都知道了我要退学,老师们都很冷淡,特别是施瓦茨老师非常生气,去上课的时候连看都不看我一眼,气氛十分不友好,显然,只上了一年就要转走,让他很受打击吧。现在我自己也开始教书了,终于明白了,但那时候并没有想到学生离开学校对老师来说是多么痛苦。

从耶鲁借的乐器也需要归还,茱莉亚的考试只能用在桐朋时为毕业考试买的那把奇怪的琴,保留曲目依然只有巴赫、勃拉姆斯和巴托克的三首曲子。这样就能考进去吗?我想如果落榜就回日本,真的落榜,就说明我没有这个资格,那就只能放弃了,不能再浪费钱了。我已经做好了心理准备,但仍然感到极度的不安。

那次茱莉亚入学考试,对我来说是人生的一个巨大的转折点,如果落选的话,早就回日本了吧,现在也不知道会过着怎样的生活。结果,虽然我用那把粗劣不堪的琴参加了考试,却得到评审老师们的高度认可,不仅可以作为特别生入学,还获得了奖学金。秋天,我搬到了纽约。

共创音乐

1966 年,越南战争全面爆发,美国国内掀起了种族暴动。与白人居多的纽黑文(New Haven)相比,纽约的气氛格外险恶，而且，茱莉亚音乐学院当时还在黑人居住区哈林（Harlem）附近（1969 年才搬到大都会歌剧院旁的林肯中心）。听到枪声啦，有人在某处被刺伤啦，拿着乐器乘电梯被威胁啦，这些都是家常便饭，在地铁里，也有很多可怕的事情。直至那时，我才明白原来父亲担心是理所当然的。

我住在西一百二十三街，那是个随处可见到蟑螂的廉价公寓，室友是两个韩国学生，三个人都没钱。学校给了我们午餐的优惠券，或者买最便宜的洋葱做天妇罗，再浇上酱油吃，每天就过着这样的日子。

瓦尔特·特朗普勒老师像极了意大利影星马塞洛·马斯楚安尼（Marcello Mastroianni），是个美男子，上课时，总是端庄而优雅地坐着，常常一言不发。而斋藤老师是从头教到尾，从某种意义上来说，是一种束缚。伊集院先生甚至劝过他："斋藤先生，你教得太多了。"但是，特朗普勒老师什么也不说，让我随心所欲地拉，这对我来说简直是太好了。我问他什么问题，他就会说："如果是我，会用这样的指法吧。"然后就很敏捷地拉给我听，他的乐句处理总是那么优雅，虽然极为正统，但很自然。

室内乐演奏由茱莉亚弦乐四重奏的第一小提琴手罗伯特·曼恩老师负责。早上八点就开始上课，起床总是很辛苦。曼恩先生的教学方法与斋藤先生有某种相通之处。那时候，曼恩老师四十五六岁，像 J.F. 肯尼迪一样潇洒帅气，充满活力，每次去上课都能获得他的能量。他的眼睛炯炯有神，教学方法很武断："这里这样拉！"因为有说服力，所以很容易就接受了他的意见。这是以长期的经验和坚强的意志，以及深刻的洞察力为基础的指导吧。

无论过去还是现在，曼恩老师都是我心中的榜样。1997 年，他从茱莉亚弦乐四重奏隐退，但并没有从音乐家的身份中隐退出来，他录制了巴赫和巴托克的作品，同时还作曲。生于 1920 年的他，当时已经快 90 岁了，精力却越来越充沛。无论是作为演奏家，还是教师，还是作为一个人，我都希望自己能成为曼恩老师那样的人。

我还向菲利克斯·加里米尔（Felix Galimir）老师学习了室内乐。老师是出生于维也纳的小提琴家，他对阿尔班·贝尔格（Alban Berg）、勋伯格、丹东·韦伯恩（Anton Webern）等人的音乐风格了如指掌，我深切地感到，跟着老师学习，就是学习欧洲音乐的精髓。我还上了老师演奏小提琴，学生演奏中提琴、大提琴、钢琴的钢琴四重奏课程，我们拉了勃拉姆斯等作曲家的各种曲子，用身体记住了音乐的呼吸，这是一门快乐而充实的课程。

英语中有个说法叫"Music Making"（共创音乐），日语很难翻译。它不是单纯的演奏乐器，而是和共演者一起呈现音乐，用音乐交流的一种感觉。室内乐不是每个个体的演奏，而是大家一起创造音乐。加里米尔老师的室内乐课，正是"Music Making"，不是被教导，而是一起创造音乐。

令人向往的万宝路音乐节

1967 年 5 月，在茱莉亚的课程即将结束时，加利米尔老师叫我去参加万宝路音乐节。能被邀请，我以为是在做梦。

始办于1951 年的万宝路音乐节被誉为"室内乐圣地"，由加利米尔老师和小提琴家阿道夫·布什（Adolf Busch）、钢琴家鲁道夫·塞尔金（Rudolf Serkin）、长笛家马萨尔·莫伊斯（Marcel Moyse）等人以第二次世界大战前从欧洲流亡到美国的音乐家们为中心创办。就像万宝路音乐节的正式名称"Marlboro Music School and Festival"一样，该音乐节的主要目的不是举办音乐会，而是培养年轻音乐家。

万宝路距离波士顿大约三个小时的车程，是地图上一不小心就找不到的城市,这里并不是坦格伍德那样的避暑胜地,而是一个普通乡村。音乐节使用的是名为万宝路学院(Marlboro College)的大学建筑,还有专门为音乐节建造的朴素的音乐厅。在这里,有经验的前辈演奏家(Senior)和年轻的学生们一起练习室内乐,每周日晚的音乐会是展示演奏成果的时刻。就像加里米尔老师在茱莉亚的课程一样,不是老师单方面地教学,这是一种在平等的立场上(虽然表面上这么说,老师的教导实际上还是很重要)一起演奏、一起学习的有着民主氛围的音乐节。创立万宝路音乐节的第一代音乐家都已作古,现在在以内田光子和理查德·古德(Richard Goode)等音乐家们的努力下,仍然继续举办。

第一次听说万宝路是1964年,桐朋巡演去坦格伍德的时候。这是非常有名的室内乐音乐节,据说卡萨尔斯也会去。我决定非去不可,于是和安田、梅津三个人搭了便车过去。那时和现在不同,搭顺风车也很安全,从波士顿向西北方向出发,穿过连绵不断的田野和森林,肚子饿了,就摘些树上的苹果吃。我们到了一个叫布拉特尔伯勒(Brattleboro)的小镇,从那里再坐几英里的车就到万宝路了,但是怎么也等不到可搭的车,我们三名日本学生就这样站在路边。最后布达佩斯弦乐四重奏(Budapest

String Quartet）的大提琴演奏者米沙·施耐德（Mischa Schneider）（亚历山大的哥哥）解救了我们，他和蔼可亲，让人联想到伊集院老师。

就这样几经波折，我们终于到了万宝路。随后我们听了卡萨尔斯指挥巴赫的管弦乐组曲，瓜奈利四重奏（Guarneri Quartet）演奏欣德米特的第三弦乐四重奏。虽然瓜奈利四重奏那时才刚刚成立，但他们的演奏实在是精彩，听得大家激动不已。而卡萨尔斯的巴赫，如波浪翻滚，一波接一波，律动的音乐在我心中回荡，自己也跃跃欲试地想拉巴赫。虽然卡萨尔斯的指挥看上去有一搭无一搭，但由三十来名独奏者组成的交响乐团，彼此互相聆听，配合得十分默契。太厉害了！我们又一次目瞪口呆，在回去的路上，激动得不得了。

从那以后，如果再去美国，无论如何都要去万宝路音乐节，这成了我的一个目标。所以，当加里米尔老师邀请我时，我高兴得忘乎所以。不过，那一年我打算参加慕尼黑国际音乐大赛，老师知道后说，万宝路室内乐的练习太辛苦了，绝对没有时间再练习独奏，如果今年参加比赛，室内乐的练习就明年再说吧。所以，实际去万宝路是在第二年，1968 年了。

武者修行

真正参加了以后，才体会到万宝路音乐节果然与众不同。

1968 年的参加者有大提琴演奏家保罗·托特利埃（Paul Tortelier）、布什四重奏（Busch Quartet）的赫尔曼·布什（Hermann Busch）、莫伊斯，当然还有卡萨尔斯和塞尔金。我从未想过能如此近距离接触到的人，都在眼前。

每个周末的晚上都有音乐会，当场宣布下个星期需要演奏的曲目。第一周，我担任门德尔松的第一弦乐五重奏中的第一中提琴手。第二周被要求拉斯美塔那（Bedrich Smetana）的弦乐四重奏《我的生活》，当时我根本没听过斯美塔那之类的曲子，当天拿到乐谱，一看，全是双音，还有中提琴的独奏。糟了！我拼命练到半夜三点左右，星期一就要和大家第一次排练，即使只有这么点儿时间，也要拉下来，不然就什么也别说了。接下来，我还拉了舒伯特的弦乐四重奏、莫扎特的弦乐五重奏、勃拉姆斯的单簧管五重奏、肖松（Ernest Chausson）的协奏曲。

同时，我还参加了卡萨尔斯指挥的万宝路音乐节管弦乐团，演奏了舒伯特的《未完成》和莫扎特的第 38 号交响曲《布拉格》、第40号交响曲等。卡萨尔斯是个不可思议的人,他的指挥并不明快清晰,但是,只要他"嗯"地一声,我们马上就知道音乐的流向。我想这是因为他在发出声音前的集中力和冲击力非同一般吧。他总重复地强调"First note(第一个音符),First note!"在声音发出前的一瞬间和声音结束的一瞬间,音乐就构成了。音乐中的那些高涨与沉默,有如人类感情的结晶。

卡萨尔斯的英语虽然生硬,但只要他高喊了一声"Beautiful!"大家就会被他指挥棒的推进力所征服,被牵引着往前走。感觉只要跟随卡萨尔斯,就无所不能,也就自然而然地与音乐融为一体。表现的幅度也很大,声音中似乎蕴含着无穷的变化,怎么会如此的极端? 有时,他也会大叫"声音往上走,是渐强! 往下走,是渐弱! "但是,正因为如此,他的音乐才充满了如此强烈的律动和欢喜。

就这样,在接连不断的震撼中,不知不觉地结束了八周的音乐节。但是,一旦进入其中,就会感到内心的波动,然后就什么都能演奏了,即使很难拉的地方也能拉出来,这真是不可思议。我在那次音乐节上,接触到了室内乐的精髓,并深切体会到室内乐是所有音乐的根本。之后,我又作为学生参加过四次,成人组参加过四次,一共参加了八次。

最后去的那一年,五岛绿(小提琴家)也参加了,借此机缘,我们一起录制了莫扎特的协奏交响曲。后来,我经常和在万宝路认识的音乐家一起演出或录音,最近十年,我的学生也经常参加万宝路音乐节。

就这样,一路从卡萨尔斯音乐节走向了茱莉亚,走向了万宝路。在那个时期遇到的人,对我之后的职业生涯来说都是不可或缺的存在。在万宝路遇到的小提琴家,后来还邀请我参加他们的四重奏。

仔细想想,我并没有利用过什么特殊的关系,从耶鲁大学开始,就是自己找好了留学地点。如果是小提琴的话,桐朋的老师也许会介绍自己的老师。当然不知道是幸运还是不幸,因为日本没有中提琴老师,所以只能靠自己。无论是卡萨尔斯音乐节还是茱莉亚音乐节,只要决定去,就立刻行动,我从来没有想过要先找人商量,或者请人帮忙介绍。我想,英语不好也没关系,只要去说,总会有办法的。虽然这几乎是打破道场的武者修行,但无论从哪里都能开辟出道路来。

也许是初生牛犊不怕虎才会这样。像现在,同一所学校里有很多日本人,就会产生到时候找这个人、找那个人的想法,我认为这是多余的聪明。音乐的世界是彻底的实力主义。我认为,只要是认真努力的优秀音乐家,人种、性别、性取向、毕业学校都没有关系，更何况有没有"大人物"介绍，几乎毫无意义。

如果是真正的音乐家，一旦发现有才能者的闪光点，是会不惜余力地帮助他们的。关键自己是不是真心想做，如果是，一定会有人伸出手来。那时的我悟出了这一点。

第4章
出　道

1968 年被选为"青年表演艺术家"
（Young Concert Artists）时拍摄的照片

1967年7月，在位于意大利锡耶纳（Siena）的齐基雅纳（Chigiana）音乐学院的夏季课程中，布鲁诺·朱兰纳教授给我上了一个月左右的课。朱兰纳比我大十岁左右，他和特朗普勒老师一样优雅，但最让我佩服的是，他完全不用多余的力气。

中提琴是很大的乐器，夹琴的时候自然会耸肩，但朱兰纳的肩膀很放松，自然下垂，拉琴的时候完全不费力气，却能发出很大的声音。我瞪着眼睛看，这到底是怎么回事，却怎么也看不出来。他的双腿像企鹅一样紧紧贴在一起，脚尖张开，始终保持直立的姿势，但并没有用力要站稳。从那时起，我开始思考什么是放松。我试了各种各样的方法，但因为我个子小，每次都很用力。这并不是一件容易的事，直到身体完全自然放松，我大概花了十年的时间。

慕尼黑国际音乐比赛

那年的9月，我参加了慕尼黑国际音乐比赛（ARD International Music Competition），没有夺冠的野心，重要的是，我对自己在中提琴界的位置一直抱有疑问，想知道这一点,所以参加了比赛。那是一个从苏联有组织地输送参赛者的时代,光中提琴就有五个人参赛,还带了伴奏和调音师,他们总是集体行动。这群选手技艺惊人、高超,总给人巨大的压迫感。我根本不认为自己能获奖,只觉得如果能通过第一次预选就已经很好了。朱兰纳也是评委,第一轮过后,他对我发了脾气:"你没调好音。"虽然我按弦音准没有问题,但整体音高偏低,音高调低的话,听起来音色灰暗,没有精神,给人的印象很不好。尽管如此,我还是勉强通过了前两轮。

马上到决赛的时候,我被评委叫走了,正纳闷时,听到:"决赛的协奏曲,大家都拉巴托克,你的保留曲目中也有沃尔顿(Walton),就拉那个吧。"怎么可能?我怀疑自己听错了。事到如今怎么可能?沃尔顿的曲子比巴托克朴实,肯定会吃亏,所以我才决定决赛时拉巴托克。沃尔顿,我从来没有和管弦乐团合作过,为什么只让我拉?我很生气地对评委说:"我想拉巴托克,我不想拉沃尔顿!"

有生以来,我第一次那么生气。预选时,我的神经已经被折磨得快要崩溃了,突然听到这么说,我真的发怒了。但不管是喊还是骂,都无济于事,无可奈何之下,只好不情不愿地拉了沃尔顿。

出乎意料的是,居然拉得很好,也许是因为愤怒的余波还未平息,就进入了正式比赛,只能专心一致地演奏,结果反而是一件好事。另外,当时的乐器也确实很适合我,那是不久前从茱莉亚的老师乔治·麦斯特(Jorge Mester)那里借来的一把意大利琴。

公布结果时,一般从低名次开始宣布。我不懂德语,也不知道他们在说什么,更不知道从低名次开始,只知道一直没有叫到我的名字。最后终于听到了"Nobuko Imai",大家都来恭喜我,我才知道自己得了第一名,但仍然半信半疑。

获得第一名,真的很高兴,但比起高兴,更多的是难以置信。当时我只想看看自己的水平,苏联选手实力太强,所以根本没想过能获奖。不过,来听比赛的父母特别高兴,而且可以如愿以偿地在获奖者音乐会上拉巴托克,我也很激动。

但是,音乐会上我拉得很糟糕。比赛后筋疲力尽,精神也松懈了,在第二页跳过了两小节。乐队也吓了一跳,也跳过两小节,赶紧跟上,这才平安无事,但知道自己错了就一直很紧张,直到最后状态都不好。朱兰纳又生气了:"谁都会犯错,那没什么大不了的,但是不能把失败的情绪拖到最后。"

比　赛

　　第二年的1968年，我参加了日内瓦国际音乐比赛
（Geneva International Music Competition）。当时我还不知
道，一般情况下，在一个大型比赛获奖后，人们不会马上去
参加另一场比赛。之前得过一个大奖，如果第一次预选就
被淘汰了，那就太丢人了，再参赛因为有这种压力，所以需
要好几倍的精神力量。事实上，日内瓦确实很艰难。

　　我照例从寻找琴开始。那时借的琴都还了，手边什
么都没有。于是，在比赛前两周，我去了日内瓦一家叫维
德的乐器店，对他们说："我要参加比赛，想借把中提琴
使用两周，如果获奖，我就用奖金买下来。"店里说："可
以把这把琴借给你。"那是一把法国制造的叫希尔维斯特
（Silverstre）的中提琴。

　　使用借来的琴在日内瓦参赛，与心无旁骛的慕尼黑
相比，痛苦不堪。有位评委看好其中一位参赛者，结果我
似乎被视为了眼中钉，其他参赛者也在评论："那位评委
的心思不好……"第二次预选的时候，那个评委喜欢的女
孩拉得很好，我危险地擦边入围。但决赛时，情况反转，
她的状态不佳，结果我获得了第二名，第一名空缺。为了
买那把借来的琴，奖金全部花光了（当然，奖金连琴价的

一半都不到）。

如此看来，比赛就是这么令人捉摸不定，不是想赢就能赢的。比赛，是在精神上被逼到异常地步的独特氛围中进行的，最后是精神力量的胜负。一心只想输赢，自我挡在了音乐前面，是很难将音乐表达出来的。不要考虑怎样做对自己有利，要把自己带入真空状态，在不脱离音乐本质的情况下演奏自己的音乐。如果不能保持这种平静的精神状态，即使实力再强，在决赛中也很容易突然崩溃，结果在预选中被排在后面的人坐收渔翁之利获得冠军，这也是常有的事。

人们常说，比起考第一名的人，屈居第二、第三名的人未来会发展得更好。也有人说，在决赛之前的预选能发现更有趣的才能。比赛是不犯错、不崩溃的人才能胜出的得分体系。这也关系到比赛应该如何发展的问题，真正公平、正当的评价是什么？到底有没有可能呢？大赛评委不公正的说法随时随地都存在，而且像冷战时期一样，国家明显有意图左右比赛结果的情况也时有发生。

尽管如此，参加比赛还是有意义的。首先，培养强烈的学习动机。十首左右的参赛曲目，要在公布后的半年时间里准备好，需要的时间和集中力是平时练习无法比拟的。如果没有比赛这种紧迫的"外部压力"，是不可能练习到那种程度的。另外,学生时代很少有机会在大舞台上演奏,尤其难有管弦乐伴奏的机会,所以比赛也是积累演奏经验的时机。而且,这也是不在乎排名、了解自己强项和弱项的机会,比起别人的评价,自己是最了解自己的演奏的。

但更重要的是,比赛能让自己被各种各样的人听到,能见到各种各样的人。以比赛为契机,遇到认可自己的人的可能性很大。大多数情况下,最重要的评委大多是现役的演奏家或有成果的教师,即使参赛者当时没能夺冠,有的也可以给人留下深刻印象。我也有几个学生,是在参加比赛时认识的,后来才开始教他们。不仅如此,管弦乐团的指挥、伴奏者、工作人员、经纪人、唱片公司的工作人员、媒体记者……这是了解那些平时见不到的、活跃在职业舞台上的人的机会。有时还会和一起参赛的演奏者讨论室内乐演奏,大家并不只关注冠军,大赛就像是与专业世界相连的商品展览会。

"学生"毕业

比赛结束后,虽然回到了茱莉亚,但我已经没有继续学习的心情了。特朗普勒老师因为个人原因不太来上课，而那时，我也渐渐接到了一些演奏方面的工作。1967年2月，我首次登上卡内基音乐厅的舞台，在与勃兰登堡乐团（Brandenburg Players）的合奏演出中，米尔顿·托马斯和我拉中提琴，岩崎洸拉大提琴独奏。

1968年2月，我被选为"青年表演艺术家"，在卡内基音乐厅的个人演奏厅与岩崎洸等人一起举办演奏会。这是创办人苏珊·沃兹沃斯（Susan Wadsworth）为了给年轻艺术家提供演奏机会而开始的活动，一直持续至今日。迄今为止入选的艺术家中，有很多人已经在世界上家喻户晓，如理查德·古德、道恩·厄普绍（Dawn Upshaw）等等。

万宝路音乐节也邀请了我，我觉得再待在学校也没什么意义了，茱莉亚本身的校风即是——成为职业演奏家比毕业更有意义。于是，我去跟特朗普勒老师说："我想退学。"那是1968年5月初的事，学年6月底就要结束了，老师说："再待一个月，去参加沃尔顿的比赛吧。"但我完全没有兴趣，回答说："我想马上去欧洲，而且我有男朋友。"于是老师说："啊，是吗？我理解的，我也遇到过类似的事。"老师是个很有风度的人。就这样，在茱莉亚的学习没能毕业就结束了，耶鲁大学也只上了一年，所以拿到毕业证的只有桐朋。

流浪的日子

从茉莉亚退学之后，我去了瑞士玩。那时，宗伦匡跟随约瑟夫·西盖蒂(Joseph Szigeti)学琴。西盖蒂是1892年出生于匈牙利的小提琴家，1940年因纳粹所迫移居美国，晚年在瑞士从事教学工作。在宗伦匡之前，潮田益子、前桥汀子等人也跟随他学习。当时西盖蒂住在蒙特勒(Montreux)郊外的一个小村庄，在那里，我和宗伦匡，还有当时跟随皮埃尔·富尼埃(Pierre Fournier)在日内瓦的安田谦一郎一起演奏室内音乐，还经常一大早就带着便当去湖边钓鱼，过着悠闲的日子。

有一天，我们聊到，光玩也不行，不如去西盖蒂那里拉四重奏吧。于是，大家一起去拜访西盖蒂，一起拉了莫扎特的弦乐四重奏。我像往常一样拉，但他一开始就说："太响了，太响了。"声音太大，完全不行。当时西盖蒂大约七十岁，手在颤抖，拉琴似乎很吃力，但他并不在意这些。聊巴托克的事也聊得很开心，我放声大笑时，他说："嘿！你的声音真好听。"和西盖蒂见面，一起拉琴，一起聊天，是我终生难忘的体验。

后来，一个叫苏黎世室内乐团(Zurich Chamber Orchestra)的小型管弦乐团招聘独奏中提琴演奏者，我试着报考了。试听的是巴赫的勃兰登堡协奏曲第六号,我不费吹灰之力就拉完了,结果被录用了,虽然工资很低,但有固定的演出费维持生活。我还参加过乐团的南美巡演,拉过泰勒曼协奏曲的独奏。但是,团体生活中的人际交往很辛苦,再加上我和指挥合不来,八个月后就辞职了。

当时的指挥是一位名叫埃德蒙·德·斯托茨(Edmond de Stoutz)的满头白发的大叔,很受中老年女性的欢迎。他常常一边指挥,一边回头望向观众席,还会对他们微微一笑。或许因为他是从零开始创办苏黎世室内乐团的人,所以很擅长为人处世,但我最讨厌他表达音乐时的那种态度。我觉得在这里待久了也没什么收获,就去辞了职。斯托茨勃然大怒,说:"听说你们日本人很有礼貌,如果你的父母听到了,他们会怎么想呢?"我听了更生气了,"这和我父母有什么关系!"于是立刻辞了职。

先斩后奏

就这样在欧洲流浪,一听到有意思的事就马上赶过去,过着几乎像吉普赛人一样的日子。去美国两年后,我给日本的家里写了一封信,信上写着:"我不回去了。"终于可以做有趣的事了,想做自己喜欢做的事来度过今生,那时我觉得如果我幸福,父母也会幸福。

之后,无论什么都是先斩后奏,因为不常写信,所以弟弟会说:"姐姐是被卖到哪里去了?"弟弟沉稳冷静,从小就是可以依靠的人。姐姐为所欲为不回家,只剩下弟弟要好好守护这个家和父母。正因为有弟弟在东京,我才能无忧无虑地来到这里。直到现在,弟弟一家还在照顾着父亲去世后孤身一人的母亲。随着年龄的增长,一向沉默寡言的弟弟,在我心中的形象越来越高大。

那时候,每当父母收到从国外寄来的信件,就会战战兢兢地想这次又做错了什么呢。最近才听说,我刚进苏黎世室内乐团时,父亲曾对中野雄先生说:"哎呀,这样信子也能养活自己了,太好了。"他一定是很担心吧。

祖母去世一个月后我才知道消息,家里想通知也不知道我在哪里。我是在瑞士收到母亲的信的,信上写着祖母去世了,葬礼也办好了,当时确实很受打击。

那个时候的我,百分之百只考虑自己。但是,因为是自己的人生,所以想要无悔地生活,我以自己的方式认真地思考过。父母虽然很无奈,但还是原谅了我(原谅也好,不原谅也罢,本来就没找他们商量,可能也没办法),而且一直在帮助我。

　　最近的欧洲,父母完全不为孩子提供经济支持的做法越来越普遍,即使是富裕家庭的孩子,也大多是自己贷款支付学费,毕业后再挣钱偿还。在学习期间不赚钱就不能养活自己,乐器也得自己买,连买琴弦的钱都不够的学生也不在少数。

　　如果说要让学生自立,听起来不错,但对学音乐的学生来说,一天练习几个小时都不够,还要打工,这是很严重的问题。不练习就拉不好,拉不好就找不到好工作,找不到工作就还不了债。所以,我想至少把父母为我做的事,也付出给自己的孩子,如果孩子有什么想做的事情,无论如何都要支持,这是母亲的责任。

　　1969 年,在罗马认识了我的第一任丈夫,婚后第二年生下长子步,我只是回了趟日本生产,之后马上就去了美国。当时广尾的爱育医院有保育室,可以把孩子寄养一年。很早以前就想要孩子,实际生下来才发现原来孩子这么可爱,真的很高兴。但是,知道怀孕的时候,音乐会的日程已经排得满满的了,没有办法。

　　爱育医院非常周到,保姆和护士把孩子照顾得很好。因为离娘家很近,父母每天都去看外孙,还经常写信告诉我情况。那一年,作为母亲的我到处飞来飞去,虽然是个不合格的母亲,但当时孩子被大家照顾得很好,也是很幸运的。一年后我去接小步,之后无论去哪里都带着他。值得庆幸的是,儿子一直茁壮成长。孩子,绝对不可能按照父母的想法成长——仅仅知道这一点,作为母亲的我就觉得从孩子身上学到的更多。

哈罗德在意大利

1969 年春天,在纪念柏辽兹逝世百年的国际音乐会上,我受邀担任法兰克福广播交响乐团演奏的《哈罗德在意大利》(*Harold in Italy*)的独奏家,指挥是岩城宏之。慕尼黑国际比赛的相关人士推荐了我,当时担任黑森(Hessen)广播协会总监的库伦坎普夫(Kulenkampff)想让我试试。岩城先生当时并不认识我,但库伦坎普夫和岩城先生有交情,是他向岩城先生推荐了我。

《哈罗德在意大利》是以英国诗人拜伦的《恰尔德·哈洛德游记》(*Childe Harold's Pilgrimage*)为题材的中提琴独奏与管弦乐的交响曲。虽然名为交响曲,却是柏辽兹为数不多的协奏曲作品,也是珍贵的中提琴协奏曲。

原本这首曲子是小提琴家尼科罗·帕格尼尼(Niccolò Paganini)委托创作的。帕格尼尼买到一把斯特拉迪瓦里(Stradivari)制作的中提琴,但没有合适的曲子,于是他找人创作了这首曲子。但是,帕格尼尼看了第一乐章的乐谱后,觉得中提琴的亮相次数太少,不太满意,这件事就告吹了。首演的是一个叫克雷蒂安·于朗(Chrétien Urhan)的中提琴手。这首曲子以意大利风景为背景,以近似绘画的方式描绘了主人哈罗德的旅行经历,中提琴扮演的正是哈罗德的角色,时而谈笑风生时而引吭高歌。

这是我第一次拉这首曲子,因为不太熟悉,所以听了梅纽因演奏的唱片,拼命学习。终于到了排练的日子,那是我和岩城先生第一次见面。本来就没有和管弦乐团合作的经验,当时也没有经纪人,什么都不懂。在指定的时间前一分钟赶到排练场,现场乱哄哄的,因为我迟迟不来,大家到处去找我,岩城也因为是日本女孩给大家添麻烦而脸色煞白。后来岩城先生告诉我,独奏者一般会在排练前三十分钟到场。

总之,就在大家惊慌失措的时候,一个像孩子一般的小个子冲了进来。当时我穿着华丽的大红色衣服,戴着一顶毛皮帽子,没来得及摘帽子就开始了排练,一点儿都不害怕,落落大方地演奏,大伙儿更加吃惊了。即使有这么个小插曲,岩城先生还是非常热情地招呼我。可能《哈罗德在意大利》这首曲子也很适合我吧,正式演出时,我毫不紧张,非常顺利,还因此获得了 1970 年的西德音乐成就奖。

埃里克·史密斯

那次演出通过广播从德国向全欧洲播放。在伦敦,飞利浦唱片公司的首席制作人埃里克·史密斯(Eric Smith)听到广播后的第二天发来电报,邀请我:"请到飞利浦参与《哈罗德在意大利》的录音。"因为科林·戴维斯(Colin Davis)正在进行柏辽兹的全曲录音项目,他们希望我于 1975 年和戴维斯合作,与伦敦交响乐团在伦敦的皇家节日音乐厅(Royal Festival Hall)演奏并录音。

我很惊讶,埃里克并没有现场听过我的演奏,虽然有在比赛中获奖的"保证书",但基本上只是听了广播就联系了我,对他来说,这无论如何都是极大的赌注。当时,不管是库伦坎普夫还是埃里克,都是欧洲作风,不需要推荐或介绍,只要觉得不错,就会马上直接联系。我的很多工作都是这么获得的,同样,我也经常突然给素不相识的演奏家打电话。只要认真对待工作,就一定会有人欣赏。

接到邀请后的第六年,也就是 1975 年 5 月,我已经是维米尔四重奏的成员了。这是第一次去英国,虽是同样的英语圈,但和美国有很大的不同,这让我很困惑。天空、建筑物、街道都是灰色的,来往的行人也是黑色的,大家都穿着西装,在美国是牛仔裤配 T 恤。英语发音也大不相同,刚开始怎么也听不清楚。

而且天气特别冷,纽约的 5 月,还是汗流浃背,但一到希思罗机场,冷得惊人。啊,原来这就是英国啊。我什么都没想,就穿着在纽约时穿的衣服来的,没带多余的服装。因为是星期天,商店都关门了,买不到东西,我冻得瑟瑟发抖,幸亏唱片公司的工作人员借了斗篷和毛衣给我。

到达的时候是白天,因为有时差,我在酒店的房间里先睡了一会儿,电话响了,半睡半醒地说了声 "Hello","我是科林·戴维斯。" 吓得我一下子醒了过来。他说希望我马上过去,他们可能也不放心,想尽早听到我的琴声。

我先去录音室拉了一遍,制作人维托里奥·内格里(Vittorio Negri)非常满意。因为我是第一次录音,虽然有些胆怯,但暂时大家可以放心了。内格里是以指挥家而闻名的优秀制作人,和戴维斯是多年的好搭档。

第一张唱片

我们在伦敦郊外的旧音乐厅开始录音。与音乐会不同,录音时要把最好的瞬间一点一点地展现出来,稍作休息后,再以不同的方式演奏。如果一下子情绪高涨,用尽了所有的精力,那么即使再好,也无法持续下去。录音要保持冷静和积极乐观的心态,即使不顺利也不要灰心丧气,否则,负面的情绪会带到声音中去。从这一点上看,我觉得自己比较适合录音。

不过,那是第一次录音,我不知道自己的声音录下来会是什么样子,即使有不协调的部分,也不知道是自己的原因还是器材的原因。总之在监控室里一个劲儿地听,仔细琢磨着这里怎么办、那里怎么办,尝试了各种方法。内格里和戴维斯都没有在细节上提出要求。即使是像小女孩儿一样的新人,一旦开始录音,也必须是独当一面的音乐家,一切都只能自己思考。我不想留下任何不满意的声音,所以专心致志地侧耳倾听,认真地尝试不同的演奏方法。

在最后的乐章《山贼的宴会》中,虽然只有一个音,却发出了连自己都感到吃惊的声音。在监控室里,内格里喜色满面,"就是这个!""就是这种感觉!一定要加入这种声音。"制作人真是专业中的专业，那些我觉得满意的声音，他也立刻就能听出来，彼此心意相通，真是令人高兴！时至今日，我一共录了将近五十张CD，而那次的体验成为了原点，我一辈子都不会忘记内格里。这张光盘现在还能在CD店里买到，当然，其中的那一个音被清清楚楚地记录在里面。

在皇家节日音乐厅的音乐会也非常顺利，之后我们在很多地方都演奏了《哈罗德在意大利》。现在演奏这首曲子的人很多，但那时候很少有人拉。我自己也非常喜欢这首曲子，虽然中提琴的分量不重，但它扮演的角色很重要。即使在舞台上没有独奏的部分，我也不是单纯地站着，我想象自己是哈罗德，正在和管弦乐团一起旅行。爬上了山，天亮了……一边在脑海中描绘着这样的情景一边等待出场。当我完全变成哈罗德时，正好该我演奏了，我感到无比喜悦。

就这样，《哈罗德在意大利》让我迈出了很大的一步，我职业生涯的一半也是它的功劳。几年后，我在英国找到了经纪人，也是因为有人记得当时的演奏。如果没有遇到这首曲子，就不会有现在的我。一切都是机缘。

第5章

四重奏的日子

从左到右：阿什肯纳齐、梅纳尔、约翰逊、我

1973 年，我成为维米尔四重奏的成员。我从桐朋时代就非常喜欢室内乐，赴美后也经常演奏，但成为四重奏的成员还是第一次。

维米尔四重奏，是 1969 年在万宝路音乐节期间组建的。他们不仅录制了贝多芬弦乐四重奏的全部曲目（这是我辞职后的事），还录制了许多现代曲目，保留曲目的范围也很广泛，是代表现代美国的四重奏之一。1968 年的万宝路音乐节，第一小提琴手什穆尔·阿什肯纳齐也参加了，我们是在那里认识的。有一天他突然打来电话，问我能不能加入维米尔，不用面试，如果愿意，希望我马上过来。我一直觉得维米尔是很棒的四重奏，所以自己能被邀请，当时真的很惊讶！什穆尔说四重奏是极其深奥、美妙的音乐。他很有才华，作为独奏家前途无量，但当什穆尔说要把自己的一生奉献给四重奏时，我被他的热情打动，立刻回答了"Yes"。

四重奏的生活

维米尔是北伊利诺伊大学的驻校四重奏，这是美国大学常见的一种制度，驻校艺术家以学校为根据地，指导学生的同时在校内演奏,可以获得定期收入。即使在美国,靠四重奏养活自己也不是件容易的事,所以这是非常值得庆幸的制度。加入维米尔后,我自然地成为北伊利诺伊大学的助教,开始在那里教书。

这所大学位于芝加哥附近的伊利诺伊州迪卡尔布市(DeKalb),从芝加哥开车大约一个半小时。城镇里除了大学什么都没有,开车三分钟就能穿过小镇,周围是一望无际的玉米田,一直延伸到地平线的尽头。那时,我们几个住在芝加哥或附近,平时在家里练琴,然后风雨无阻地每周一次开车去大学教书,演奏活动和上课的比例大概各占一半。

音乐会一年有70场左右,经常去各地演奏,有时也会在大学里演奏。每年还会去欧洲两次,还曾多次受邀参加爱丁堡、奥尔德堡(Aldeburgh)的音乐节。同时还要教学生,几乎没有时间做别的事情,生活的一切都是四重奏。

加入维米尔时,儿子小步才3岁,我去哪儿都带着他,经常是一手拿着乐器,一手抱着孩子,在正式演出时,就请保姆帮忙照顾。演出结束后一般都有招待会,孩子累了就躺在旁边的地毯上睡觉。因为年轻才能这样吧,小步居然也平安地长大了。

弦乐四重奏的音乐

由小提琴、中提琴和大提琴组成的弦乐四重奏是室内乐中特别的组合（除了弦乐四重奏以外，也有像钢琴等乐器加入的四重奏，但单说四重奏多指弦乐四重奏），如果团员不固定，不是常设的组织，是不行的。而其他室内乐，即使平时各自演出的演奏者们临时聚在一起，也能演奏得很好，如卡萨尔斯、蒂博、阿尔弗雷德·柯尔托（Alfred Cortot）这三位鼎鼎大名的独奏家，也留下了很多著名的钢琴三重奏演出。只有弦乐四重奏是不能即席演奏的。

例如，四个人一起拉 Do、Mi、Sol 这种大三和弦时，拉中间的 Mi（多数情况下是中提琴或第二小提琴手）会稍微拉低一点，这和单独演奏时的音高不一样。这种微妙的差异，音符是无法表现的，实际演奏时只是按弦的手指稍微改变一点点角度，四重奏中不这样微调的话和弦就不会产生共鸣。除了音律固定的钢琴是个例外，大部分演奏者，例如合唱团员，都会半本能地调整音高，使和声共鸣。另外，这种微妙的音高变化，也会使声音的色彩发生变化。弦乐四重奏是由男低音（Bass）、男高音（Tenor）、女中音（Alto）、女高音（Soprano）这四个声部构成的,这也是古典乐派以后的西洋音乐最为根本的音乐织体,所以即使是很小的音高差异也不能松懈。

另外,四重奏演奏者之间大多用肢体语言传递信息,例如,团员们各自晃动身体的方式都深深地印在了彼此脑海里。他这样做,我可以这样回应。第一小提琴一上来就吸一口气,停顿一下才开始,伴奏的我也要在气息上同样配合。相反,如果他平静地开始,我也会这么做。

那就是,四个人不仅要相互配合节奏和强弱,还要用身体去感受音乐流淌的方向。彼此的能量通过面部表情、眼神、呼吸、身体整体的动作释放出来,接受这种能量,并在瞬间做出回应。直到现在,在维米尔演奏的曲子,不仅是声音,演奏的场面我都记忆犹新。第二小提琴手的身体是怎么动的,第一小提琴手是怎么换气的,我都记在脑子里。这就是弦乐四重奏。

正因为如此精妙,所以初次见面的四个人仅仅配合几次就完美地演奏出弦乐四重奏,实际上是不可能的。固定的成员要花很长时间练习,才能完成一首曲子。在维米尔,一曲贝多芬就花了四十个小时。一天两小时,一共二十天。如果不是固定的团员,这是不可能的。

四重奏的练习

维米尔每天的训练时间最长也只能两个半小时,之后就会身心俱疲,无法再持续下去,就是这么耗费心神的工作。

四重奏中,四个人是平等的,要音乐实力相当。不可思议的是,如果演奏者的水平各不相同,整体水平就会落到最低档。并不是说只要第一小提琴水平好,其他三个人跟随他就行了。

也就是说,四个人必须有势均力敌的实力,但大家又各自有各自的想法,最终必须以民主的方式磨合成一个整体。"这里,我是这样想的,所以我想这样做",这时,必须用语言表达出来。当然,有人会反驳:"你会这么想,但我不这么想,不应该是这样吗?"因为没有指挥者决定"就这样吧",所以大家只能这样那样地争论个没完没了。海顿的《玩笑四重奏》的开头部分,乐谱只有两段,有时为了说清楚如何处理,就花了三个小时。因为大家都不肯轻易让步,所以经常会吵起来。即使是长年共事的团员,排练时也绝对不会是一团和气的快乐时光,情况经常是恰恰相反。

帕梅拉·弗兰克(Pamela Frank)是一位才华横溢的小提琴家,父母都是音乐家,从小在自然的室内乐环境中长大。他曾经说过:"如果我没有成为小提琴家,我想我会成为心理学家,研究四重奏的心理。"四重奏中四个人的关系就是这么复杂,压力也很大。四个人中,既有高压承受型的人,也有动不动就发脾气、闹别扭的人。即使在排练中接受了对方的意见,也有心情不能平复的时候,一旦真的吵起来,就无法冷静地把音乐上的事情和其他事情分开了。

还在维米尔时,有一次排练,我说:"这里的旋律是中提琴,第二小提琴可以小点儿声吗?"结果在正式演出时,他故意把声音拉得很小,让人几乎听不到。我实在气坏了,三天没和任何团员说话,彼此的冲突针锋相对、互不相让。所以人们常说:"加入四重奏就像和四重奏结婚。"但是,一般夫妇不会就某事每天讨论三个小时之多,从某种意义上来说,四重奏的人际关系比夫妻还要亲密,让人无处可逃。很多四重奏没有"离婚",而是不断更换成员,也是理所当然的。

坚持四重奏的诀窍

所以,持续时间越久的四重奏,越能想出避免决定性冲突的方法。比较多的是,除了排练和在舞台上以外,完全分开行动。

维米尔也是这样。有一次巡演,在正式演出前,暂时解散去吃饭。因为是乡下,镇上只有一家餐厅,就像所有的美国小镇一样,菜单是老套的厨师色拉和汉堡包。我走进来,第二小提琴手和大提琴手已分别坐在不同的桌子上。和其中任何一个同席都很奇怪,所以我找了个离双方都较远的地方坐了下来。这时第一小提琴手也进来了,看到我们三个人,也一个人找了个桌子坐下。最后,四个人分别在店里的四个角落吃完饭,各自回到演奏会场。这绝不是四个人的关系不好。平时在酒店吃早餐也一样;音乐会后,大家也很少一起去喝酒。

创立近四十年,始终没有更换过团员、令人惊异的四重奏——瓜奈利四重奏的行动更为彻底。为了避免在宾馆里听到彼此的练习,他们会选择不同楼层的房间,甚至分别住在走廊的两端(大提琴的声音能传到楼下的房间)。演奏会结束后,就不再见面,家人之间也没有来往。看起来是一群怪癖者聚在一起,但其实他们都是非常诚恳正直的人。四重奏这种组合,如果大家不刻意保持距离,就会陷入窘境,无法演奏。

虽然也有由家人组成的四重奏,但也不是一家人就能配合默契,特别亲密的人际关系,有时反而会成为音乐的绊脚石。是选择人际关系还是音乐,四重奏经常会把人逼疯。

四重奏让你更擅长讨论

特别是对于日本人来说,还有文化障碍、语言上的困难,我们从小几乎没有接受过用逻辑思维表达自己意见的训练,甚至可能根本就没有把自己的想法整理好后传达给别人的意识。即使不明确地说明白,对方也会理解,事情也会在默契的配合下进行。这是日本人的美学。

当然,生活在"坚持己见者胜"的欧美社会,很多时候会怀念日本。但在四重奏中,日本风格并不适用,无论如何,都要有逻辑性地提出自己的见解,如果保持沉默,就无法演奏自己心目中的音乐。如果说自己不擅长英语,那就必须永远配合对方,哭也没用。

因此,为了在维米尔这个能言善辩的四重奏中生存下去,我在那五年里英语水平突飞猛进。最初的时候怎么也反驳不了对方,只是一味地说"No"。但在这个过程中,我学会了用英语组织逻辑来驳倒对方的技巧。

但如果全是日本人的四重奏,是否能用日语做同样的事情,我完全没有自信。在日语中,至少我想不出一个可以毫无保留地说"No"的单词。"不行"和"不对"这两种回答,都还难免掺杂着感情,容易让人觉得是全盘否定对方。"但是我想这样做""不是这样的"说法,在日语中也会让人觉得自我主张很强。不知是因为我没有用日语讨论的习惯,还是因为日语的结构不适合讨论,这一点我不太清楚,反正对于我,四重奏讨论仅限于英语。

还是想拉四重奏

既然如此,为什么还要坚持拉四重奏呢? 因为在四重奏中,当四个人成为一体的时候会产生某种在其他地方得不到的"东西"。而且,在很多四重奏作品中所蕴含的力量,是其他类型的音乐所没有的。

维米尔时代,在演奏贝多芬的《♭E 大调第十二弦乐四重奏 作品127》的第二乐章时,我曾清楚地感觉到自己在高高地飞翔。那种感觉至今仍记忆鲜明。我认为作品 127 是弦乐四重奏中名曲中的名曲,特别是第二乐章中让人尽情歌唱的绵长气息,其美妙无所能及。这才是弦乐器、弦乐四重奏的精髓。当然不只是这首曲子,在仅以四个基础声部紧密相连的弦乐四重奏中,有很多深刻反映作曲者自身精神内涵的作品。所谓精简到极致的东西才能产生美和力量,演奏那种作品时的满足感是任何东西都无法替代的。正因为如此,弦乐器演奏者都会成为四重奏的奴隶。

更何况维米尔的第一小提琴什穆尔·阿什肯纳齐、第二小提琴皮埃尔·梅纳德(Pierre Menard)和大提琴马克·约翰逊(Marc Johnson)都是音乐才华横溢的艺术家。正因为无论怎样激烈争论,在最根本的地方依然相互尊重着对方的音乐,所以才能组合在一起吧。在英语中,投缘被称为"We have good chemistry",维米尔四个人确实有很好的 chemistry。Chemistry 这个词原本的意思是"化学反应",我们四个人的音乐经常会在瞬间产生化学反应,变成完全不同的东西,或许也可以说是超越了人类智慧的某种东西。

不管日常生活多么辛苦,我还是坚持了五年,大概就是因为体验到了这种宣泄与净化(Catharsis)吧。因为结果美好,所以就会原谅并忘记之前的一切。四重奏对我来说是一种信仰,没有比四重奏更珍贵的东西了。对我们弦乐器演奏者来说,四重奏是最后到达的境界,在这个意义上,维米尔的五年是无可替代的。

我离开后,维米尔的演奏活动仍然持续了很长时间,但在 2007 年解散了。四个人也渐渐上了年纪,什穆尔说:"我不想在对自己水平下降不自知的情况下继续拉下去,我想在最辉煌的时刻放下帷幕。"虽然还没有技术落后的迹象,但我觉得这是他们的决断,很遗憾。在解散之前,我们在日内瓦一起演奏了莫扎特的五重奏。之前虽然很想再次合作,无奈彼此都很忙,以为再也没有机会了,却没想到在最后的时刻终于实现了愿望。那是邀请我参加告别巡演的什穆尔的心意,对此我深表感谢。

乐器被偷

进入维米尔两年后,发生了一次意外事件,我的中提琴被偷了。这绝对是我人生中非常糟糕的几件事之一。

那时,我们固定在第二小提琴皮埃尔·梅纳德的公寓练习,几乎每天都去那里。芝加哥市内的贝尔蒙(Belmont)街是地痞流氓横行,治安很差的地区。偏偏那天我的行李很多,练习结束后,我回到自己的车里,打开车门,装上东西,开车回家。

到家之后，我把行李从车上拿下来一看，乐器不见了。没有了，就在这么想的一瞬间，鲜血哗啦一下涌上来。心脏、呼吸、时间、周围的光景，全都停止了。动不了，也发不出声音。仿佛冻结了几秒钟后，时间又开始转动了。果然没有琴，真的没有。怎么可能？这种事情在现实中是不可能发生的。是不是脑子出了问题？我颤抖着给皮埃尔打了电话。我请人去停车的地方看了看，琴当然不在那里。我也给警察打了电话，但无济于事。琴不见了。怎么办？

一周后，四重奏马上就要巡演。没有时间发愣。没有乐器就不能参加巡演，所以首先要找替代的乐器。我给全美国的朋友打电话，问他们："你有备用的中提琴吗？"但都没能得到爽快的回答，最后只能去乐器店借新琴。因为找不到适合自己和四重奏的乐器，只能抱着两三把琴去巡演。

必须找回丢失的琴。警察不会对常见的盗窃采取什么行动，所以我只能做自己力所能及的事。我想如果是专业的犯罪分子，应该会马上把琴卖给旧货商，然后从那里再转手给乐器商。于是我联系了各大乐器行，不停地打电话给各个当铺，还在报纸上刊登了好多次广告。我生怕写"中提琴"人家看不懂，所以特意写上："我丢失了一把大号的小提琴,我会向找到的人表示感谢。"

那两周真是苦不堪言,食不下咽。那不仅仅是贵重物品被偷了,就好像自己身体的一部分也不见了。我深深感到,没有中提琴,我这个人是不可能存在的。我实在忍不下去了,给东京的父母打了电话,父亲生气地问我到底在干什么,我更加消沉了。

一张唱片和一百美元

两周后,我们去了加拿大的多伦多。到了音乐会现场,皮埃尔一看到我就说:"中提琴找到了!"不过,还不知道琴在哪里,我家里的保姆传来的信息是:拿走琴的人只肯和我这个乐器的主人见面。我不太了解情况,所以怎么也高兴不起来。

音乐会结束后,我搭乘最后一班航班返回芝加哥,抵达时已近半夜。在机场,一群人在等着我,几个体格健壮的刑警、保险公司的人、我的朋友,还有皮埃尔公寓的管理员和他的朋友,这两个人都是罗马尼亚人。我不在的时候,芝加哥已经闹得沸沸扬扬了,那位管理员的朋友就是在报纸上看到广告后给我家打电话的,据说我的中提琴在管理员的另一个朋友家里。

我们大家一起前往贝尔蒙街附近,那个人的住所。咚咚咚咚敲了门,没有回应。又咚咚地敲了几下,门终于打开了,一个男人探出头来。那是个满脸胡须的白人,只穿着一条运动短裤。警察大喝一声"是警察!"就硬冲了进去,那个人顿时惊慌失措。当警察问他"这个人的琴在哪里"时,他回答说:"在别的地方。"大概是怕被人看到有危险,所以转移到了别处。警察说:"带我们去那里。"那男子说:"我先打个电话,告诉他们现在过去。"他刚要拿起电话,"不行!"警察大声阻止了他,并猛地按住他的手臂,就像电视剧里的一幕。在这个男人的带领下,我们一起向放琴的地方走去。在深夜寂静的芝加哥街头,所有人就这么默默地走着,感觉好远,仿佛走不到头。

大概走了十五到二十分钟,男人在靠近密歇根湖的一栋大楼前停下了脚步。按了好几次门铃,终于传来了一个男人的声音。那是一对同样也是罗马尼亚人夫妇的家,他们在完全不知情的情况下,让穿短裤的男人把琴存放在了他们那里。明白了事情的原委后,他们从架子上拿出琴盒递过来。我颤抖着打开盒子,中提琴原封不动地躺在里面,弓和步的照片也没被动过。找到了。太好了。真是太好了。眼泪就唰唰地流了下来。琴,失而复得,僵硬的身体,一下恢复了血液循环,温暖了起来。

已经过了深夜两点,我去警察局在发现失窃物品证明书上签了字。实在是兴奋,不想就这么直接回去,无论如何都想表达我的感谢之情。对了,我想拉中提琴,我拉了巴赫。深夜里,肮脏的警察署里弥漫着疲惫的空气,值班的警官一脸茫然地看着我。但是,我无论如何都想拉。

我再次道谢,走出警察局,还是没有回家安静睡觉的心情。曾经以为永远不会回来的那把中提琴,现在就在我手里,不可能安静地上床睡觉。"中提琴回来了!"我大叫着在街上漫无目的地乱跑,最后,我和所有陪同我的朋友一起去大提琴演奏家马克·约翰逊家庆祝,一直到天亮。

偷琴的短裤男(失礼)是一个来美国还不到半年、英语也几乎不懂的罗马尼亚人,他在路边"捡"到一个乐器盒,打开一看,里面除了"提琴"和弓,还有收据(那是为学生买弓的收据),看到收据上写着 $2000,他大概以为这是值钱的东西吧。总之就先带回了家。

偶然来访的皮埃尔公寓管理员的朋友看到了那个琴盒,就问那是什么,罗马尼亚人老实回答:"刚才在路边捡到的。""让我看看。"其实那个管理人是个业余乐器收藏家,一看就知道是专业人士用的琴,就劝他说:"丢东西的人一定很着急,最好还给人家吧。"但他却说:"是我捡到的,就是我的!"管理员和他大吵一架,结果被可怜地轰了出去。不过,他正好看到报纸上刊登的广告,就联系了我家。

如果罗马尼亚人是职业罪犯,如果管理人的朋友没有识别乐器的眼光,如果他没有看到广告,如果警方没有迅速行动,恐怕我和那把中提琴就再也没有邂逅的可能。偶然中的偶然,让我再次拿到了那把中提琴。

在琴回到我身边之前的两周时间里,我仿佛置身于地狱中,那时候,我感觉到了神的存在。当然,这是一件不容易买到的昂贵物品,但更重要的是,这是世界上独一无二的乐器,再也没人能制作出同样的东西了,这不仅仅是钱的问题。我问报警的人该怎么感谢他,他说:"我想要一张你的唱片和一百美元。"不知道他现在是否还保留着那张唱片。

乐器的事

被偷的那把中提琴是 1767 年制造的意大利乐器蒙特加扎(Montegazza)。1969 年,在纽约一家叫沃利策

（Wurlitzer）的乐器店，是米尔顿·托马斯陪我一起看过后买下来的。这把琴声音清脆，在买到安德烈·瓜奈利（Andrea Guarneri）之前，我一直使用它。后来，我把琴借给清水直子五年，她使用这把琴，在慕尼黑国际音乐比赛中获得冠军，被柏林爱乐乐团聘为第一首席中提琴手。现在我把它借给一个叫詹妮弗·斯塔姆（Jennifer Stumm）的美国学生，她在威廉·普里姆罗斯国际中提琴比赛中获得第一名，在日内瓦国际比赛中也获了奖。从被偷后又平安回来这一点来看，也许它是一把幸运的中提琴。

钢琴家只要弹奏演奏场地配备的乐器就可以了（虽然会很辛苦），但对弦乐器演奏者来说，乐器的好坏具有左右命运的力量。如果想成为专业弦乐演奏家，就必须尽早拥有优秀的乐器。如果拥有容易发出声音，又能发出自己独特声音的乐器，进步就会很快。能发出好声音，对声音的感受性也会提高，之后随着不断成长，需要再更换更合适的乐器。

当然，只依赖乐器有时也会适得其反，把自己的不够努力归咎于乐器是不会进步的。就像桐朋时期，为了让"三合板中提琴"演奏出美妙的声音，费尽了心力，但那也绝对是很好的经历。因为有过使用劣质琴的经验，我才有自信无论什么乐器都能让其发出最好的声音。但是,无论如何乐器的力量也是有限的。而且,如果在管弦乐团里拉琴,声音最好与周围融为一体,独奏的话,清脆悦耳的音色是很重要的。尤其是弦乐器,更是要"必先利其器"。

中提琴和小提琴一样,顶级名琴都是来自尼可罗·阿玛蒂(Nicolò Amati)、安东尼奥·斯特拉迪瓦里(Antonio Stradivari)、瓜奈利等16世纪和17世纪意大利制琴家。不过,与小提琴相比,中提琴数量少之又少,据说世界上现存的斯特拉迪瓦里中提琴只有十几把。我使用的安德烈·瓜奈利在世界上只有四五把,其中一把是威廉·普里姆罗斯的,现在由柏林爱乐乐团的乐手持有,另一把是小提琴家平卡斯·祖克曼(Pinchas Zukerman)所有。

为了寻找好的乐器

得到这把安德烈·瓜奈利,是在很久以后的1988年。在我之前拥有它的是指挥家弗兰克·布里夫(Frank Brieff),说来也巧,我在耶鲁大学念书时,他曾在纽黑文交响乐团当指挥。他原本是中提琴手,但专门负责指挥。我没见布里夫拉过那把中提琴,当时只是听说他有一把很好的中提琴。

听说布里夫要卖掉安德烈·瓜奈利,我马上打电话给他,说现在太忙去不了,一个月后再去。但一个月后,我再打电话说下一周可以去时,他告诉我琴已因故转给别人了。拥有这种乐器的机会,一生中可能只有一次。我在电话那头懊悔地哭了起来,但琴既然已经卖出去了,也没办法了,就只好放弃了。半年后,听到消息说有一把瓜奈利琴要在伦敦出售,好像是同一把琴,但并不是公开拍卖,听起来怎么都像是谣传,但我绝不想再错过机会,于是当天就飞去了伦敦,这次终于把它买了回来。

与其他中提琴相比,瓜奈利是比较厚实的"胖"乐器,音色也比较丰满。蒙特加扎的声音非常响亮,即使再大的音乐厅也可以放心使用,但录音时听起来会有些生硬。与此相反,瓜奈利无论拉得多么用力,声音都不会尖锐,它的优点是音色优雅柔和。因此,除了《哈罗德在意大利》,其他录音我全都使用瓜奈利。

从为了桐朋的毕业考试而买的简陋乐器开始,到用日内瓦国际比赛奖金得来的希尔维斯特,再到失窃的蒙特加扎,瓜奈利已经是我自己买的第四把琴了。当然,我有很长一段时间都在使用从耶鲁和茱莉亚借来的琴。被称为"名器"的乐器价格昂贵,尤其是学生和年轻的演奏家,很难买得起。我在二十多岁时买的蒙特加扎也是父亲资助的。在欧美,很多学校和收藏家会把乐器借给年轻的演奏家,我的蒙特加扎也在被追求职业演奏生涯的年轻人接二连三地接手。

我们与乐器的相遇,是命运的安排,就像人与人之间的缘分一样。只要我们有愿望,有追求,就一定会有机会。我觉得总有谁在冥冥中守护着我们。

第6章
挑战独奏家生涯

威廉·沃尔顿（William Walton）在80岁生日音乐会上，
左起第二位是首相爱德华·希斯（Edward Heath），
右侧是沃尔顿夫人。

　　在维米尔四重奏的日子,音乐生活非常充实。从海顿到现代派,我们拉了很多作曲家的作品。大学副教授的职位可以保证经济上的稳定,但是,快到35岁的时候,我突然感到自己走到了人生的十字路口。自己会这样一辈子坚持四重奏吗? 我每天都在思考这个问题。当然,最在意的还是儿子。

十字路口

　　刚去芝加哥时,小步才3岁。那年冬天下了一场大雪,面对着密歇根湖的芝加哥一下子变成了风、雪、冰的城市,每天早上不铲掉通往车库道路上的雪,就不能把车开出去。看到这一幕的小步,趁着雪停的时候,就会拼命用小铲子铲雪,大概是觉得家里只有他一个男子汉吧。作为奖励我给了他25美分,可没过多久雪就又下了起来,好不容易扫过的地方马上又变成了白茫茫一片,于是小步又把25美分还给了我。

　　每天都是这样,可爱得不得了。小步是守护母亲的骑士,他的存在是无法用语言表达的巨大支撑。

　　但是,我觉得对儿子来说,那段日子绝对不幸福。

相依为命的母亲经常不在家,每次都由保姆来照看;或者,和母亲一起去陌生的城市旅行。排练和演出期间,又是只能在保姆身边。幼儿园的老师说,小步最近有些奇怪,这让我心里一惊,这样下去,儿子会一直感到寂寞。我自己生长在一个温暖的家庭里,我曾经想象的是一个有很多孩子、笑声不断的家,但是,只要四重奏还在继续,这种愿望就根本不可能实现。

再过五年就40岁了,还会像这样和儿子两个人在世界各地飞来飞去吗? 这真的是好事吗? 想坚持到这种程度吗? 只要在四重奏里,就不可能根据自己的家庭情况决定什么,只能经常配合其他三个人。如果是独奏家,就可以更灵活地安排日程,必要的时候还可以控制工作量。想到这里,就觉得还是马上放弃四重奏比较好,如果现在不放弃,恐怕一辈子都辞不掉。作为音乐家,维米尔有着难以割舍的魅力,虽然挣扎了很久,我最终还是决定放弃。

但是,无论如何也不敢当面和大家说,思前想后,我鼓起勇气给什穆尔打了电话。"我想放弃四重奏。"说完,什穆尔沉默了片刻,然后冷静地说:"是演奏会的次数有问题吗? 如果是这样,减少一半也没关系,能不能继续?""真是太感谢了。"我告诉什穆尔,问题在于孩子,不想让孩子的人生变得不幸。他接受了我的想法。

结果遭到了周围所有人的反对,谁都说,不要放弃大学副教授这个稳定的职位,辞职了就无法保证能养活自己。尤其是男性,有很多这样的意见。大家都说一般都是在找到下一份工作之后才辞职,本来也应该如此吧,但已经晚了。尽管这样,我的决心并没有被动摇,在内心深处,我还有家在日本、有父母在的潜意识吧。即使到了无计可施的地步,我还有可以回去的地方。这个想法最后推了我一把。

赌　注

那么,从四重奏辞职后去哪里呢？我认真思考了这个问题。如果要靠中提琴独奏养活自己,只能去大城市。是纽约,还是伦敦？一直以来,我都觉得从事音乐工作的话,欧洲是最好的。当时的美国,音乐环境与欧洲并无二致,而且美国当时还有很多为躲避纳粹而从欧洲逃出来的犹太音乐家。鲁道夫·塞尔金、菲利克斯·加里米尔、亚历山大·施耐德、米沙·施耐德……可以说战前欧洲音乐界的主要部分都转移到了美国。但是美国这个国家本身虽然有活力,可无论走到哪里都是千篇一律,一点都感受不到它的魅力。欧洲国家更吸引我的是,每个国家都有着不同的面貌,散发着各自的文化和历史气息。

想到这里,我毅然决然地从芝加哥搬到了伦敦。那是1978年的事,当时完全没有未来的保证,像是一场豪赌,但从结果来看,这是我人生的一个巨大转机。

虽然在日本不太为人所知,但塞西尔·阿罗诺维茨(Cecil Aronowitz)在英国是一位十分活跃的中提琴演奏家,据说他和本杰明·布里顿关系很好,所以布里顿作品的中提琴部分很多都是为他创作的。当时,他在位于曼彻斯特的皇家北方音乐学院(Royal Northern College of Music)担任教授。在维米尔的时候,我和塞西尔合作过几次,所以我先问了他有没有什么工作机会,他告诉我有在他任教的大学教书的可能。很幸运,我很顺利地获得了皇家北方音乐学院教中提琴的教职,而8岁的儿子也被伦敦的美国学校录取,就这样我和儿子开始了在伦敦的生活。

卡罗·马里亚·朱里尼

虽然从结果上看一切都很顺利,但这期间我一直忐忐不安,在宣布辞职后的几个月里,一想到未来,心情就无法平静。就在这时,卡罗·马里亚·朱里尼(Carlo Maria Giulini)来芝加哥交响乐团担任客座指挥。几年前,我曾听过朱里尼在维米尔的爱丁堡音乐节巡演时的音乐会,虽然是海顿的交响曲,却演奏得仿佛交响乐队都翩翩起了舞,我完全被迷住了。低音提琴和定音鼓,两个低音像心脏的跳动支撑着整个管弦乐团,能够营造出这样的音乐,完全是指挥家的技术和感受。那真是令人难忘的演奏。对了,为什么不去见见朱里尼呢?在快要被不安冲昏头脑的日子里,就算只有一根稻草也想抓住。并不是想去商量找工作的事,对那样的音乐家,我不想说很现实的话,只是希望朱里尼听听自己的演奏。

在芝加哥交响乐团朋友的安排下,朱里尼答应在乐团练习之后抽出些时间。在交响厅的大舞台上,我拉了巴赫、巴托克等很多曲子,大约一个小时。朱里尼披着一件对襟毛衣,穿着随意,静静地坐在远处的观众席上。等我拉完,他走到舞台边,虽然没有说什么特别的感想,但看着他的眼睛,我不知为什么松了一口气。

"你希望我做什么?"朱里尼问道。我回答说:"我只是想让你听听而已,我以前拉过四重奏,现在要搬到伦敦开始新的人生。"朱里尼又问:"你想在管弦乐队里演奏吗?"我犹豫了一下,不知该说什么,但我不想在管弦乐团里拉琴,就老实地回答了。尽管如此,朱里尼还是记下了我的住址和姓名。

几个月后,朱里尼担任音乐总监的洛杉矶爱乐乐团的经纪人打来电话,邀请我担任洛杉矶爱乐乐团的首席中提琴,同时,我还可以去南加州大学当教授,海菲兹曾经在那里教过书。那时工作已经有了着落了,欧洲的生活也总算安定下来,所以我郑重地拒绝了。但是,一想到朱里尼居然还记得我,觉得我不错,我就打心底感到高兴。

演奏家常常会在指挥面前演奏,接受面试,但对我来说,这是第一次也是最后一次。那时我并不是想要讨个工作,只是想在自己敬仰的朱里尼面前演奏,确认一下自己,但仅仅如此,已经给了我巨大的力量。朱里尼最初也是作为中提琴演奏者起步的,这或许也是一种缘分。

从零开始

虽说我在维米尔四重奏拉了五年琴,但在欧洲几乎没有作为独奏家的任何成绩,只能从零开始。英国,虽然现在也是如此,当时的演出费更是低得离谱。我曾与郑京和拉过七八场莫扎特的交响协奏曲,每次的演出费只有一百英镑。按照当时的汇率,大概是8万日元,再加上旅费、住宿费和税金,完全是赤字。刚开始的时候,尽是些这样的工作。

如果要认真地从事演奏活动,就必须在音乐事务所找到经纪人,这也不是简单的事情。某音乐公司的经纪人一听说是中提琴演奏者,就说:"啊,是吗?再联系吧。"然后就挂断了电话。虽然这种态度很失礼,但也是情有可原的。中提琴的保留曲目很少,所以很少在管弦乐团的定期演奏会上被提及,也很难举行独奏会,从音乐经纪公司的角度来看,并没有什么卖点。尽管如此,因为有人记得我以前拉过《哈罗德在意大利》,我才得以进入伯乐艺术(HarrisonParrott)这家大型音乐经纪公司旗下。

虽然在伦敦才住了一年左右,其间有各种各样的工作来找我,世界逐渐对我敞开了大门。1980年,我与科林·戴维斯指挥的伦敦交响乐团在BBC逍遥音乐节(BBC Proms)(每年夏天在伦敦举行的世界最大的音乐节)上首次演奏了迈克尔·蒂皮特(Michael Tippett)的《三重协奏曲》。那一年是BBC大罢工的一年,我以为音乐会一定会延期,正准备放松一下,没想到突然决定照常举办。蒂皮特这位作曲家在创作时完全不考虑乐器的事,演奏起来很吃力,从曲子一开始就必须全力以赴,而双音突然跳到高把位的高难技术也层出不穷。

合作演出《三重协奏曲》的是小提琴手捷尔吉·波克(György Pauk)和大提琴手拉尔夫·克许鲍姆(Ralph Kirshbaum),和这两个人一起工作的经历,使我不断地接到新的工作。与安得拉斯·席夫(Andras Schiff)一起演出,也是从那个时候开始的。

在万宝路音乐节上我认识了小提琴家盐川悠子,说起想一起拉室内乐音乐会,于是从1978年开始,在日本,我与盐川策划了为期五年的室内乐系列音乐会。不光她的先生,我们还邀请了她的老师桑多尔·韦格(Sándor Végh)、大提琴家安田谦一郎、小提琴家住岸子、钢琴家内田光子和布鲁诺·卡尼诺(Bruno Canino)等一些志同道合的音乐家。和万宝路音乐节一样,我们每年都安排了不同形式的室内乐组合。招募成员、决定曲目,还要考虑经济上的问题,当时我们两个人真的很辛苦,但现在回想起来,所做的在那时都是些创新性的内容。那次经历或许成了我日后策划中提琴空间(Viola Space)的基础。

北西德代特莫尔音乐学院

1980年，我与荷兰丈夫再婚后，从伦敦移居到了荷兰，并开始在海牙和乌特勒支的音乐学院任教，兼顾音乐会、教师和家庭主妇这三项工作的我忙得不可开交。第二个孩子要出生了，我们搬到了德国边境一个叫贝内康姆（Benecom）的小镇。1981年，女儿清子出生。

大概过了两年，北西德代特莫尔音乐学院（Nordwest-deutsche Musikakademie Detmold，现在的代特莫尔德音乐学院，Hochschule für Musik Detmold）弦乐系的首席教授、小提琴家堤博·瓦尔葛打来了电话。他说："中提琴教授布鲁诺·朱兰纳辞职已经一年多了，因为没有老师，中提琴学生们准备罢课了，你愿意来吗？"

代特莫尔德音乐学院创立于1946年，是一所历史较短的音乐学校，但因其优秀的教授阵容而广受好评。管乐器教授尤其有名，当时有双簧管赫尔穆特·维舍尔曼（Helmut Winschermann）等世界顶级演奏者。另外，还有世界上罕见的录音师（tone meister）培养课程，那里培养出了很多优秀的录音制作人，在序章中提到的参与锡永乐团录音的服部光一郎，也是在这里学习中提琴后转为录音师的。弦乐器系也赫赫有名，大提琴有安德烈·那瓦拉(André Navarra)，小提琴有瓦尔葛，中提琴朱兰纳，那时大概正好是更换教授阵容的时期。

但是，要想被正式录用，必须先要试教，然后在大家面前演奏。既然要请我去当老师，为什么一定要演奏呢？一开始我很生气，但转念一想，既然都去了就顺便拉一下吧。我先拉了几首曲子，然后教了巴托克的协奏曲，随后又指导了莫扎特的弦乐四重奏，但这些学生对四重奏完全没有概念，我无可奈何，当场能说的话都尽量说了，之后就回来了。我心想，如果没有工作也没关系，没想到竟然被录用了，直到2003年，我在那里教了二十年琴。

代特莫尔德就像日本的仓敷一样，是一座让人感受到有历史沉重感的安静城市，石板路上，能看到木质结构的房屋鳞次栉比。勃拉姆斯在写第一弦乐六重奏的时候，为了指导女声合唱而住在这个小镇，因此，学校里有以勃拉姆斯的名字命名的音乐厅，还挂着他的肖像。虽然是这样一个非常浪漫的城市，但交通很不方便，去哪里都要花很长时间。这是一个有利于集中精力学习的环境，但同时也是一个缺乏刺激的地方。

也就是在那时，我在威廉·沃尔顿本人面前演奏了他的中提琴协奏曲。这首曲子在1929年题献给保罗·欣德米特，由欣德米特首演。从那以后，对中提琴演奏者来说，沃尔顿这首协奏曲与巴托克、欣德米特的协奏曲并称三大中提琴协奏曲。1982 年是沃尔顿的 80 岁生日，在BBC 的生日音乐会上，由我演奏了这首协奏曲。作为中提琴演奏者，没有比这更光荣的事情了。

正式演出那天，我突然感冒发高烧，但无论如何都想拉，所以打了退烧针后才上了台。沃尔顿在我的乐谱上签名并写道："Splendid performance（完美的演奏）。"我很感激。看着他眼神里青春的光芒，我意识到他为什么能写出那么充满生命力的曲子了。

能够遇到这么多作曲家，也是一种幸运。1984 年 6月，我在英国的奥尔德堡第一次见到了武满彻先生。

武满彻先生

奥尔德堡是一个面临北海的小镇，从伦敦东北方向坐火车大约两小时就能到达。作曲家本杰明·布里顿和他的男高音搭档彼得·皮尔斯（Peter Pears）一起在这里度过了后半生。布里顿于 1948 年在这里创办了奥尔德堡音乐节，每年 6 月，以红砖建造、音响极好的"斯内普麦芽厂"① (Snape Maltings)音乐厅和附近的教堂为会场举行音乐节,包括《麻鹬河》(Curlew River)在内的布里顿的许多作品都是在这个音乐节上首演的。音乐节以传统的方式致力于展现现代音乐,总的说来是给人一种高雅印象的音乐节。就像《彼得·格赖姆斯》(Peter Grimes)里那个寒冷的村庄,一到冬天这个小镇就显得格外冷清,唯独在音乐节的时候,人们从城市涌来,热闹非凡。

1984年的音乐节上,武满彻被邀请担任"音乐节作曲家"。在维米尔四重奏的时候,我曾多次受邀参加奥尔德堡酒店的音乐会。也是那一年,我受邀担任独奏家,演奏了布里顿的《泪泉》和《挽歌》(Elegy)。《挽歌》是布里顿16岁时写的曲子,据说在我演出之前乐谱才刚刚被发现,于是那次演出竟成了这首曲子的世界首演。音乐会结束后武满先生来了,他大为赞许,说:"我从没有听音乐时落过泪,但今天我泪流不止。"

那一刻突然心中一有个闪念,要是武满先生能为我写首曲子该多好啊。没想到这个愿望的实现比预期的要

---

① 斯内普麦芽厂始建于1840年代,被用来生产麦芽以卖给伦敦等地的酿造厂。麦芽厂后于1965年关闭。当年,布里顿租下了其中最大的一栋建筑,并将其改造成音乐厅。自从1967年由女王伊丽莎白二世揭幕后,便成为奥尔德堡音乐节的中心。

早，1989 年，受法国革命两百周年纪念庆典的委托，武满先生写了一首中提琴曲，就是那首著名的《萦绕秋天的琴弦》（*A String Around Autumn*）。

萦绕秋天的琴弦

《萦绕秋天的琴弦》是为管弦乐团和中提琴创作的作品，但是，它与普通的中提琴协奏曲完全不同。标题取自大冈信的诗，曲子本身也像散文诗一样，没有多余的声音，是非常细腻的作品。武满先生非常喜欢我寄给他的勃拉姆斯《f 小调中提琴奏鸣曲》的录音，尤其喜欢第二乐章，说他从中受到了很大的启发。也许正因为这个原因，这首曲子非常人性化，能直接从中感受到喜悦和寂寞的情感。武满先生后来很害羞地说："写成了这么浪漫的曲子，真难为情。"

没过多久，曲子完成了。但是，一开始我完全不明白它的内涵，很多短小的动机遍布全曲，但我不知道该如何将它们连接起来。既找不到高潮，也无法想象管弦乐团的声音，说实话，我也不知道该怎么演奏。因为我杳无音信，武满先生很担心地给我打电话，让我去他位于长野县御代田的家中。听完我的演奏,武满先生没说什么,后来听说,他当时非常失望。真是很对不起他。

我实在没有办法,只好硬请作曲家毛利藏人把管弦乐乐谱改编成了钢琴乐谱(钢琴伴奏乐谱)。和钢琴家一起练习,我才终于明白了曲子的含义。那时的贝内康姆,已经是晚秋,练习的间隙,我在家附近散步,林荫道上满地落叶,抬头望去,透过被秋色染黄的树叶,可以看见蔚蓝的天空。云一遮住太阳,景物的表情也瞬间改变。这首曲子,也正好是这样的意象。当时我刚买了瓜奈利,但我还是选择用蒙特加扎拉这首曲子,凭直觉,我觉得它更适合。武满先生在奥尔德堡听我演奏时,我也是使用了蒙特加扎。

1989 年 11 月 29 和 30 日两天,《萦绕秋天的琴弦》在巴黎的普蕾亚音乐厅(Salle Pleyer)首演。共演的是长野健和他指挥的巴黎管弦乐团。

这是我在巴黎传统的大型音乐厅的首次亮相,更重要的是,这也是武满彻为法国革命两百周年纪念庆典新作的世界首演。第一次演奏为自己而写的曲子,是一种很特别的体验,我觉得自己作为演奏家又上了一个台阶。

这时距我从维米尔四重奏辞职,已经过去了十一年。

第7章
欣德米特音乐节

欣德米特音乐节
伦敦公演节目单

1995 年,对我来说是难忘的一年,在东京、伦敦、纽约三地共同举办的"欣德米特国际中提琴节"大获成功。正如本书中多次提到的,出生于德国的作曲家、演奏家兼指挥家保罗·欣德米特在中提琴演奏者心中有着特殊的地位,为纪念其诞辰一百周年,在世界三大城市举行了囊括欣德米特所有中提琴作品的音乐会。连我自己都觉得这是个遥不可及的梦想,全世界都未曾有过的创举,当然这也是我人生的高潮。

邂逅荻元晴彦

事情的契机要追溯到 1972 年的波多黎各,我第二次参加卡萨尔斯音乐节。当时我正在管弦乐团中演奏,会场里不断地有很多日本电视摄影人员进入。"啊,是日本人。"我抬头一看,其中有一位留着胡须、武士模样的老先生,正盯着我看。是谁呢,我也回看了过去。他就是荻元晴彦,曾在 TBS 电视台参与节目制作,1970 年和朋友们创立了日本最早的节目制作公司"电视人联合会"(TV Man Union),后来还担任音乐厅的制作人。荻元这样描述与我初次见面时的印象:

"原来日本的女大学生也来波多黎各观光旅行啊!"我心里有点难受。但我做梦也没想到,这位女士就是在音乐界广为人知的世界著名中提琴演奏家今井信子。卡萨尔斯音乐节邀请了世界级的独奏家和一流的管弦乐团首席演奏家,她也加入了乐队。实际上,今井很学生气,有点男人味(失礼!)完全看不出是个怀抱幼子,手举中提琴,在世界各地走来走去的"带子雄狼"[1]。

(引用荻元晴彦的文章"赤坂短信 II"中的一段)

接下来的几天里,我们都没有说话,只是远远地互相观察着对方。后来终于有了交谈的机会,我当时谈论卡萨尔斯的影像也留存了下来。在忙碌的拍摄工作中,荻元似乎也观察了我很久。他在文中这样描述我:

认识今井女士之后才知道她具有男性气质,女艺术家想以独奏家的身份活跃在古典音

---

[1]《带子雄狼》(日文:子连れ狼)是日本的一部以江户时代为背景的时代剧漫画,描述遭柳生一族陷害的高强剑客拜一刀,为了避难与伺机报仇,带着幼子大五郎浪迹天涯的故事。

乐界,就需要有男人一样处理事情的意志力。但其实我也捕捉到了她很感性的一面。

(中略)我们在波多黎各时,特拉维夫机场发生了冈本公三射杀事件[1],这对波多黎各来说是大事件,遭到射杀的大部分都是波多黎各游客。卡萨尔斯音乐节的开幕式上,首先是全体默哀,然后演奏了《送葬进行曲》。日本公司的职员们害怕波多黎各人的报复,都逃到迈阿密等地避难。在乐团中今井坐在中提琴的第二个谱台,靠近观众席的位置[2],乐团的人建议:“可能会有人攻击你,要不要换到内侧的位置?”今井笑着拒绝了。

这种拒绝方式,怎么说呢,我至今还觉得那是音乐家特有的、今井式的,没有悲情,也不是逻辑的,是完全自然的:“没有人会干这么荒唐的事。”虽然没有说出口。她毫不介意

---

[1] 1972年5月30日,以冈本公三为首的日本赤军成员,在以色列特拉维夫的卢德国际机场,以枪支与手榴弹对民众进行扫射,造成26人死亡,73人轻重伤;其中八成死伤者为波多黎各人。

[2] 一起使用谱架的二人组,靠观众席一侧的座位。

地坐在自己的位置上演奏。令人感动的演奏结束了,我回想起那时卡萨尔斯指挥的贝多芬《田园交响曲》,仿佛就在昨天。

（引用荻元晴彦的文章"赤坂短信 II"中的一段）

就这样,我和荻元开始了长期的交往。荻元当然非常喜欢音乐,耳朵也很敏锐,但他并不是专家。即使是业余爱好者,他也不是那种喜欢收藏唱片或沉迷于音响的发烧友,或许他有意识不让自己成为专家或狂热爱好者。他绝对不会和音乐家辩论有关音乐方面的事情,他非常尊重音乐家。大概荻元先生是想通过音乐家来捕捉音乐,并在音乐中注视人类的生命吧。作为制作人,他有非凡的直觉,比起声音本身,他更喜欢演奏的人。从这篇文章中,也能感受到他那双想要透视今井信子这个"人"的眼神。

管弦乐团来了

从 1972 年开始,连续十几年,由荻元担任总制片人,制作了古典音乐节目《管弦乐团来了》。据说,当时每周观看该节目的人,一听到作为开场的小约翰·施特劳斯的《无穷动谐谑曲》，至今仍会自动哼出"管弦乐团来了"的曲调。这是一个深受古典乐迷喜爱，又培养了大批古典音乐爱好者的节目。

我第一次出演《管弦乐团来了》是在 1974 年 1 月播出的那一集，担任策划、指挥和主持的山本直纯讲解了在《未完成》和《命运》两首曲子中，中提琴是如何支撑和声的，我最后演奏了莫扎特的交响协奏曲。那时我还是维米尔四重奏的成员。这个节目的概念就是为了让古典乐听起来有趣、易懂。

前面引用的文章就是出自"电视人联合会"为了宣传节目而推出的广告文。据说荻元先生写得一手好字，他每周都亲笔手写，然后寄给听众。我引用的文章，是 1978 年我第二次参加节目演奏泰勒曼的中提琴协奏曲时他写的。文章以"带子雄狼"为标题，冒头的一句就是"你知道中提琴的真正声音吗？"从那个时候开始，我就感觉到荻元先生不仅是我，还是中提琴的知音。

卡萨尔斯音乐厅

1986 年，我又在奥尔德堡音乐节上遇到荻元先生，他邀请我担任音乐厅的顾问。因为有在御茶水建造室内乐专用音乐厅的计划，获元先生被任命为总监，他希望我能助一臂之力。我想我平时不在日本，也做不了那种责任重大的工作，所以就拒绝说："我做不了那样的事啊。"但他完全不理会我："总之，就拜托你了。"

不知道获元先生为什么要找我，他是媒体界无人不知的大制作人，而我只是个无名的中提琴演奏者。因为这是室内乐专用音乐厅吗？还是迷上了中提琴（或者是迷上了我……）。获元先生于2001年去世，至今已经快六年了，再也不可能亲口问他了。

总之，1987年，卡萨尔斯音乐厅开业，我担任音乐厅的音乐顾问。这是由主妇之友社创建的日本第一个室内乐专用音乐厅，总监是获元先生。策划、制作、宣传、营业等实际业务，由名为"弱起"（Auftakt）的音乐厅专属策划室，以及"电视人联合会"卡萨尔斯大厅的专职人员共同合作进行。

中提琴空间的开始

1991年3月，我在卡萨尔斯音乐厅举办了第一次个人独奏会,演奏了巴赫的腿式维奥尔琴(Viola da Gamba)奏鸣曲、贝多芬的《小夜曲》、欣德米特的《帕萨卡利亚舞曲》(Passacaglia)和勃拉姆斯的《第一奏鸣曲》。这并不是些所谓的"容易亲近的曲目",但让我吃惊的是音乐厅竟然座无虚席。获元和工作人员也喜出望外,于是我们开始讨论第二年的计划。

我觉得重复"今井信子独奏会"也没意思,想做点不一样的、有持续性的事。我想到中提琴演奏家店村真积,和他一起演奏应该不错。店村长期活跃于意大利,1984年回国,当时担任读卖日本交响乐团的独奏、中提琴演奏者(现在是 NHK 交响乐团的独奏首席演奏者)[①]。在斋藤纪念管弦乐团,我们坐在同一谱台,在乐团练习时,"喂,下次一起拉吧",成为我们协商一起演出的开始。

就这样,第二年,我和店村举办了名为"今井信子中提琴空间1992"的二重奏音乐会,两位中提琴演奏家同时登上了舞台。这场音乐会也取得了超出预想的成功,特别是18世纪意大利作曲家亚历山德罗·罗拉(Alessandro Rolla)的中提琴二重奏获得了出奇的好评,大家都说:"中提琴二人组,听起来很舒服。"连我自己也感到意外,

---

① 店村真积已于2011年6月,转任东京都交响乐团特任中提琴首席。

在那之前,我从来没有两把中提琴一起演奏的经验。

第二年,也就是1993年,我们去掉了"今井信子",改为"卡萨尔斯音乐厅·中提琴空间1993"。我想举办的不是个人音乐会,而是以更广阔的视野追求中提琴这一乐器可能性的音乐会。这一年,在茱莉亚音乐学院担任教授的川崎雅夫也加入了我们,一下子变成了三个中提琴手。1994年,我把在汉堡音乐大学任教的深井硕章也叫来了(就是桐朋时代,那位用感官性的中提琴声让我陶醉的深井),我们现在有四名中提琴演奏家了。从那时起,中提琴空间已超越了单纯的音乐会,成为世界历史上仅有的、独一无二的为中提琴设计的系列活动,此后它不断地壮大、发展。

梦想般的计划一个接一个地实现。我们举办了面向年轻中提琴演奏者的大师班,虽然想过如果没有人来该怎么办,但盛况空前,结果连椅子都不够用。我们也委托作曲家为中提琴创作新曲,西村朗先生创作的曲子十分难拉,不过,在作曲家本人的指挥下,我们克服了重重困难,还录制了CD。从1994年开始,音乐会改为连续两天。

"中提琴空间"这个名字很不错,它是第一任制作人冈村雅子绞尽脑汁想出来的——中提琴的宇宙。正因为有了这个标题,策划的内容才会逐年扩大。中提琴的宇宙将无限扩展。一开始,有人提议找个音乐总监,比如武满先生,但是,这么难得的中提琴活动,如果我们自己都无法胜任,那也太丢人了。于是,我、店村和川崎就成了"核心成员",以我们三人为中心构思策划方案,召集国内外的中提琴伙伴。

冈村雅子将我们的想法一个接一个地付诸实践,展示了她巨大的能量。她惊人的执行力,常常把不可能变成可能。雅子绝不会说"那是不可能的",她和我的目标方向完全一致,感觉两人的力量是相乘的。正因为有了她,中提琴空间才从一开始就有了明确的方向,为以后的成长打下了坚实的基础。

欣德米特专题音乐会

接下来的 1995 年,第四届中提琴空间以"国际欣德米特音乐节"为名拉开了序幕,从 4 月 1 日到 7 日,为期七天。最初,对于举办欣德米特音乐节,所有人都持怀疑态度,以荻元为首。提到保罗·欣德米特,应该没有人会马上想到什么曲目吧。仅凭欣德米特一个人的作品,就能开七天的音乐会?到底谁会来听?这些反应都很正常吧,甚至连我自己也完全没有预见到会做出如此伟大的事情来。但是,在他诞辰一百周年之际,无论如何都想实现这个愿望。

欣德米特的作品,包括中提琴在内的协奏曲、室内乐、独奏曲、声乐曲共27首。我们同伦敦的威格莫尔音乐厅(Wigmore Hall)及纽约的哥伦比亚大学米勒剧院(Miller Theater)共同举办,德国的保罗·欣德米特学院也决定提供全面协助,所长吉泽尔黑尔·舒伯特(Giselher Schubert)也决定来日本。东京公演,NTT租赁公司(现在的NTT金融公司)作为特别赞助商给予了大力支持。节目单的曲目解说是由茱莉亚弦乐四重奏团的中提琴演奏者塞缪尔·罗德兹(Samuel Rhodes)撰写的。这些被认为是无法实现的梦想,正在一步步地实现。

1995年4月1日,东京的艺术节拉开了三个城市联演的序幕。除了公开的大师班和音乐会之外,在东京德国文化中心还举行了舒伯特先生的演讲。独奏家有从海外赶来的金·卡丝卡茜安(Kim Kashkashian)和塔贝亚·齐默尔曼(Tabea Zimmermann),还有八位中提琴演奏家和九位大提琴演奏家。原田幸一郎率领的桐朋学园管弦乐团共有57人。节目单上不仅有塞缪尔运用浑身解数写就的曲目解说,还有欣德米特珍贵的照片和他的亲笔插图(欣德米特画的插图十分可爱)。

就这样,令人难以置信的,世界第一次,连续七天只演奏欣德米特的音乐会,竟然场场爆满!实在是不可思议。在此之前,恐怕世界上还没有人能一口气听完欣德米特所有的中提琴作品吧。本来,欣德米特的作品就给人一种难以亲近的印象,说不定连观众都担心会不会听得无聊、中途感到厌倦呢。

但是,音乐会每天都场场爆满,观众们也都尽兴而归。4月7日,最后一天,我们演奏了《葬礼音乐,为中提琴与弦乐队而作》,为七天的活动画上了句号。结束的瞬间,从我身体里喷涌而出的充实感令人难以忘怀。在随后的庆功宴上,森元先生高高地举起酒杯:"这是策划的胜利。"这是集全员之力取得的世纪大成功,将来有人谈到中提琴的历史,我认为这场活动真值得大书特书一笔。

人的力量

因为这次成功,我们终于有了自信,此后中提琴空间也不断扩大。从1997年举办的第六届开始,NTT成为我们固定的赞助商,从不间断地为我们提供援助。1999

年的主题是巴洛克音乐,我使用了柔音中提琴(Viola d'Amore)与管风琴合奏,桐朋学园管弦乐团则用古乐演奏者使用的巴洛克弓协奏。2001 年,我借用了欣德米特使用过的柔音中提琴来演奏。

2003 年,由于前一年卡萨尔斯音乐厅归属权转到了日本大学,中提琴空间的会场移到了纪尾井音乐厅。当时的我感到很不安,不知道事情会朝什么方向发展,但"电视人联合会"无论如何都想推进中提琴空间继续办下去,而且纪尾井大厅爽快地邀请我们,悬着的一颗心终于可以放下。之后我们的活动拓展到东京以外的城市,2004 年在大阪举办大师班,2005 年还举办了音乐会。2006 年,名古屋也加入其中。

另外,从 2004 年开始每年都参与的作曲家加思·诺克斯(Garth Knox),以中提琴空间为题,创作了运用各种技巧的练习曲,2005 年和 2006 年各创作了三首,2007 年又完成了两首题献给中提琴空间。今后,他的存在,对中提琴空间来说会越来越重要吧。第一届大师班的学生川本嘉子和清水直子,如今已成为中提琴空间的中坚力量,开始作为老师为学生们授课。今后,年轻人将逐渐掌握主导权,中提琴空间也会展现出新的面貌,比如把它扩展到以中国和韩国为中心的亚洲其他国家,也不是没有可能的。

中提琴空间能坚持到现在,靠的全是大家的力量。首先我们有以核心成员店村真积和川崎雅夫为首的中提琴家,如果是其他乐器,比如小提琴,独奏者不可能如此合作。大概在决定曲目的阶段,会为谁演奏哪首曲子而争论不休,恐怕这样连一届也举办不起来。在这一点上,因为中提琴演奏家常年被漠视,又甘于做"边缘人物",所以他们先有振兴中提琴的想法,往往把自我放在第二位。

我们三个人平时都很忙,川崎先生和我也不是经常在日本,所以只能利用排练和正式演出的间隙商量第二年的事情。虽然有点像走钢丝,但因为创意一个接一个地冒出来,所以并不觉得辛苦。我们确实是一个默契的团队,而且,制作人山本生子率领她的团队总能完美地处理极其繁琐的事务性工作。当然,理解并支持我们的赞助商的存在也是不可或缺的。可以说少了谁,这个策划都无法成立吧。

围绕中提琴空间相关的小圈子,从最初寥寥几个人到现在已跨越立场、年龄、国家,能产生共鸣的朋友也越来越多。我们还组织了一个"饮酒少女会",这是由中提琴空间和NTT集团的成员们组成的、共同品尝美食的团体,名字的由来是因为会中有三位酒量惊人的女性(当然不包括我)。其中给予"欣德米特国际音乐节"大力支持的须藤正实夫妇几乎变成了家人,多次来我家玩,如果没有中提琴空间,根本无法想象与他们的这种交往。

迄今为止,我受到了许多人的眷顾,这也许是我最大的幸运。如果想到一个人,为此,即使坐飞机,即使只给我十分钟的时间,我也要去见他。总之想看着对方的脸说话,面对面才能交谈。没有谁高谁低,大家都是平等的。年轻的学生也会给我一些启发,新事物从那里诞生、成长、结出果实。就这样,我的世界不断扩大。仔细想想,这或许才真的是室内乐,我想最重要的还是人与人的交流和心灵的连接。

第 8 章
中提琴这种乐器

在欣德米特国际音乐节上
1995 年 4 月 3 日卡萨尔斯音乐厅
（摄影：堀田正实）

　　"欣德米特国际音乐节"中提琴音乐会,究竟为什么让我如此感动? 由中提琴而发,专为中提琴的音乐会,为什么在20世纪末终于在日本诞生? 在此,我想回顾一下中提琴的历史和有关中提琴的音乐。

　　关于中提琴的历史,我参考了已故富士亮先生在中提琴空间的节目单中所写的内容。富士先生曾经担任日本宫内厅侍从一职,跟随皇太子殿下一起拉中提琴,他还担任过日本中提琴研究协会副会长,是日本中提琴迷的开拓者。

中提琴的历史

　　中提琴几乎和小提琴一样出现在16世纪中叶,制琴师也与小提琴是同一拨人,现存数量不多的中提琴中也有斯特拉迪瓦里和瓜奈利制作的乐器。但是,由于中提琴是中声部乐器,被夹在富有歌唱性高音旋律的小提琴和支撑低音的大提琴之间,负责填补和声之间的空隙,可以说,它从诞生起就是一个不起眼的存在。

　　因此,到18世纪中叶为止的管弦乐团作品中,中提琴的部分都比较单一,而且也很少能体现出中提琴本来深邃的音色。演奏中提琴也不需要特别的技巧,那些手指不太灵活或上了年纪的,也就是说程度不太高的小提琴手就会被派去拉中提琴,这是不争的事实。比如,海顿担任乐长的埃斯特哈希(Eszterházy)亲王管弦乐团里的中提琴手们,都不是全职的工作,他们同时还要兼任调音、合唱等各种各样的其他职位。

随着弦乐四重奏的发展,中提琴成为室内乐中不可或缺的存在,但它依然不是独奏乐器。音色和角色都很朴素,名演奏家难以诞生,没有名曲问世,地位越来越低,始终没有名家诞生……就是在这样的恶性循环中。

18世纪活跃于曼海姆的约翰·斯塔米茨(Johann Stamitz),以及同时期活跃于意大利的亚历山德罗·罗拉,他们不但是作曲家,同时还演奏中提琴,所以他们也为中提琴谱写了一些作品。还有委托柏辽兹演奏《哈罗德在意大利》的帕格尼尼,首次演奏《哈罗德》的克雷蒂安·于朗,在拜罗伊特音乐节(Bayreuther Festspiele)上长期担任中提琴演奏的里特尔(Ritter),都是拉过中提琴的人。但是,他们不是兼拉小提琴,就是管弦乐演奏者,也都不是专门的中提琴独奏家。

独奏家的诞生

世界上第一位专门演奏中提琴的独奏家是莱昂内尔·特蒂斯。如果没有他，就没有今天的中提琴。他大幅改变了中提琴这种乐器的历史，在这一点上，他相当于卡萨尔斯之于大提琴。

1876年12月29日，特蒂斯出生于英国哈特尔普（Hartelpool）。听起来像个玩笑，他和卡萨尔斯同年同月同日生（顺便一提，他很长寿，活到近百岁，80多岁时还和一位年轻女子结婚，卡萨尔斯也有差不多同样的经历）。特蒂斯19岁时就读伦敦皇家音乐学院，有人拜托他在学生四重奏中担任中提琴声部，他就这样邂逅了中提琴。

中提琴的音色一下夺走了他的心。特蒂斯在没有导师的情况下，摒弃了中提琴不是独奏乐器的偏见，独自开拓了中提琴的可能性。一方面，他把小提琴和大提琴的曲子改编成中提琴曲，同时委托沃恩·威廉姆斯（Vaughan Williams）等同时代的作曲家们创作中提琴作品。他录制了很多唱片，为了让低音有较好的共鸣，他还亲自设计了命名为"特蒂斯型"（Tertis Model）的大型中提琴。除了欧洲，他还去美国演奏，结交了许多演奏家朋友，并大力推广他的特蒂斯型琴，他把99年漫长一生中的大部分时间都奉献给了中提琴。自1980年起,英国开始举办莱昂内尔·特蒂斯中提琴国际大赛。

保罗·欣德米特

特蒂斯之后,是1895年出生的保罗·欣德米特。他多才多艺,不仅是作曲家、演奏家,还是指挥家和教育家。据说除了竖琴以外,他可以演奏管弦乐团中的任何一种乐器。那首创作于1937年的无伴奏中提琴奏鸣曲,是他在美国演奏旅行的途中,从纽约开往芝加哥的夜行列车上完成的,这是多么惊人的专注力啊!他是阿马尔四重奏(Amar Quartet)的中提琴演奏者,同时还作为独奏家不断首演新作品,被公认为是世界首屈一指的中提琴演奏家。

在作曲方面,他的创作范围也非常广泛,不仅有管弦乐和钢琴作品,还有歌剧和芭蕾舞作品,甚至还有为儿童和业余爱好者谱写的简单快乐的曲子,其中包含中提琴作品26首。为中提琴写过这么多曲子的人,至今还没有第二位。《无伴奏中提琴奏鸣曲 作品25之1》,和室内乐团合奏的协奏曲《天鹅转子》(*Der Schwanendreher "The*

Swan Turner "），以及献给欣德米特的《沃尔顿中提琴协奏曲》，都是当今中提琴演奏者必须演奏的保留曲目。

普利姆罗斯：中提琴走向现代

威廉·普利姆罗斯与特蒂斯一样，1904 年出生于英国，作为管弦乐团和四重奏的演奏者，以及独奏家活跃在舞台上。他是一个技巧出众的演奏家，曾夸下海口说，"只要海菲兹用小提琴拉的曲子，我就都能用中提琴拉给他看"。事实上，他真的用中提琴灌录下了技巧高超的小提琴作品——24 首帕格尼尼的随想曲，确实很厉害。为巴托克创作的中提琴协奏曲，也是受普利姆罗斯委托而创作的，这首曲子也成为中提琴演奏者的保留曲目。

他们的后继者是我的老师瓦尔特·特朗普勒和布鲁诺·朱兰纳。现在的中提琴名家有德国的塔贝亚·齐默尔曼、美国的金·卡丝卡茜安以及尤里·巴什梅特（Yuri Bashmet）。巴什梅特的超凡魅力使普通音乐爱好者把目光转向了中提琴。当然，还有中提琴空间的伙伴们，店村真积、川崎一部和深井硕也都活跃在世界的舞台上。此外，年轻一代的独奏家川本嘉子，柏林爱乐首席演奏家清水成俊、曾直子,阿姆斯特丹皇家音乐厅乐团的金丸叶子,也都在中提琴这条道路上大步前进着。

中提琴的保留曲目

因为具有这样的历史,所以中提琴的常见曲目更偏向于近现代作品。如果中提琴要演奏古典音乐,通常要将为其他乐器写的作品进行改编。

三首最重要的中提琴协奏曲,都是在 20 世纪完成的——沃尔顿、巴托克的中提琴协奏曲,和欣德米特的《天鹅转子》。更靠近当代的还有阿尔弗雷德·施尼特克(Alfred Schnittke)的作品。广为人知的古典协奏曲有柏辽兹的《哈罗德在意大利》、莫扎特的交响协奏曲和泰勒曼的协奏曲等。

无伴奏作品有欣德米特和马克斯·雷格(Max Reger)的无伴奏奏鸣曲、巴赫的无伴奏大提琴组曲。保罗·欣德米特、肖斯塔科维奇、布里顿、雷格,还有 19 世纪的比利时小提琴家亨利·维厄当(Henri Vieuxtemps)都创作了一些中提琴与钢琴合奏的曲目。勃拉姆斯的奏鸣曲在创作当初,就是为黑管和中提琴都可以演奏而写的。舒伯特的

《阿佩乔尼奏鸣曲》(*Arpeggione*)是众所周知的,它当初也是为阿贝鸠尼琴这样的小型大提琴乐器而作的。

尽管从 16 世纪开始就有了中提琴这种乐器,古典派与浪漫派时期的作品虽然不是完全没有,但也极其稀少。像中提琴这种境遇的乐器恐怕也不多吧。因此,对于中提琴演奏者来说,如何增加优秀的保留曲目(repertoire),保护并培育它们,就成了极为重要的课题。演奏家不仅要创作委约新作品,还要努力在为其他乐器创作的作品中寻找适合中提琴的作品。

巴托克的中提琴协奏曲

关于巴托克的中提琴协奏曲,最近发生了一件震动中提琴界的事情。

这首曲子并不是巴托克本人最后完成的,巴托克 1945 年去世后,作曲家蒂伯·谢尔利(Tibor Serly)根据他留下的草稿完成了这部作品,并于 1949 年首次公演。因为巴托克的草稿非常潦草简要,所以它更接近于谢尔利的补充作品。多年来,我们演奏时使用的是英国布西与霍克斯公司根据蒂伯·谢尔利的版本出版的乐谱。对我这一代的中提琴演奏者来说，一提到巴托克就是这个版本。

　　但是到了1995年，巴托克的儿子彼得出版了新版本乐谱，他是巴托克两个儿子中的一个，创办了巴托克唱片公司（Bartók Records）。新版是由彼得和阿根廷作曲家纳尔逊·德拉马焦雷（Nelson Dellamaggiore）校订的。蒂伯·谢尔利的版本，更容易演奏，音乐也流畅自然，我们这一代老音乐家对它很有感情。相比之下，新版很难拉，而且很多地方也难以理解。新版本的出版在中提琴演奏者之间引起了一片哗然，大家争论不休。在新版出版的同时，巴托克的手稿影印稿也同时出版发行了，有人看了之后，也想创作自己的版本。对于这种混乱状态，匈牙利的巴托克协会感到十分头痛。

　　新版出版后，我依然演奏旧版。但是，今后学习巴托克协奏曲的学生使用新版的肯定会越来越多，作为教师我不能不认识它。而且如果新版本更符合巴托克的原意，作为演奏家我更应该演奏它。

　　拿到新版和手稿影印谱后，我作了详细的比较，确实有很多地方难以理解。新版把弓法和指法全部标示了出来，我自己一直坚信的巴托克似乎瞬间被瓦解了。在旧版的开头管弦乐拨弦的部分，新版却标明用定音鼓演奏。

怎么办？我真的很苦恼。其间也出现了任意混合两个版本演奏的学生。无论如何，把不同想法写出来的东西不适当地混在一起演奏是不可取的，那么该怎么办呢？如果连我自己都不知道如何取舍，作为老师是无法应对学生的。这样下去，有些人很可能会因为巴托克的协奏曲太危险而不再演奏。倘若如此珍贵的中提琴保留曲目因此而被埋葬，那真是太遗憾了。

访问巴托克的儿子

我想，只能去见彼得·巴托克本人了。当然，我并不认识他，幸好罗伯特·曼恩告诉了我他的电话号码，我就打了过去。但是，他是一个绝对不接电话的人，电话里传来"有事请发传真"的语音留言，可又没有他的传真号码。无奈之下，我在录音电话中留言："我是日本的中提琴演奏者，想和您聊聊巴托克协奏曲，麻烦您把传真号码传真过来。"并留下了自己的传真号码。反复几次之后，终于取得了联系，约好了见面的时间。那是 2003 年 8 月的事。

彼得以前住在纽约，可能因为是巴托克的儿子，总会被各种人和事烦扰，也可能是想逃离拥挤的人群，他现在搬到了佛罗里达。在半岛中部一个叫霍莫萨萨（Homosassa）的小镇，我们从坦帕（Tampa）机场开车过去，可是怎么也找不到。同行的女儿清子和我在同一个地方转来转去，兜了将近两个小时，最后好不容易才开到彼得的家。一个戴着眼镜、像土拨鼠一样又矮又胖的大叔站在家门口向我们挥手，那就是彼得。原本以为连电话都不接的人肯定很孤僻，结果完全出乎我们的想象，他还烤了鸡肉等着我们。

午餐后，彼得带我们进入了用钢铁防火门保护森严的资料库，那里存放着真正的手稿。我一边看手稿，一边提出了一直以来的疑问。最大的谜团有两个。一个是新版上有三处连线（slur），手稿上几乎没有任何连线，和谢尔利版也不一样。彼得明确地回答了我："这不是我父亲写的，你想怎么拉就怎么拉吧。"据说是纽约爱乐乐团的首席中提琴演奏者保罗·纽鲍尔（Paul Newpower）协助校订之后，才有了这个连线。

另一个问题是乐曲结束处出现的泛音（harmonics）。泛音（也叫 flageolet），是不发出实际音，但可以拉出比实际音高出几倍的声音。虽然泛音具有独特的透明感，但声音比一般的音要细小很多，如果以交响乐团为背景，用泛音演奏，几乎听不到中提琴。我问彼得："一定要按这个拉吗?"他告诉我,手稿上的"harm."(泛音记号)也不是父亲写的,因为他父亲不使用英文。手稿上确实标有泛音,但手稿本身是被重复写谱的,不知道"harm."到底是谁写上去的。如果去鉴定笔迹或许能得出严密的结论,但既然巴拉克的儿子彼得这么说,我认为就没有必要用泛音演奏了。

当时彼得还强烈主张,绝不能把新版和蒂伯·谢尔利版混在一起演奏,他认为谢尔利版是很棒的艺术作品,但那一半以上都是谢尔利的功劳。"我们的版本是根据父亲的手稿改编的,构成完全不同,所以希望大家千万不要把两者混为一谈。"他很明确地说。

就这样,疑问解决了。现在,我演奏巴托克时,都使用新版,并明确指导学生不能把两者混在一起。不喜欢新版的演奏者很多,在音乐会中能听到新版的机会也不多,但在我担任评委主席的 2005 年日内瓦国际音乐大赛上,就指定使用新版为官方版本。也许今后新版会渐渐成为主流吧。

沃尔顿和莫扎特

类似的情况也发生在沃尔顿的协奏曲中。拥有版权的牛津大学出版社,在2002年出版了修订后的第三版。实际上,这首协奏曲在1993年出版了第二版,由沃尔顿本人修改了管弦乐的部分。据说,沃尔顿曾给予在英国首次演奏这首曲子的弗雷德里克·里德尔(Frederick Riddle)关于演奏的指示,修订第三版中加入了原版中没有的连线和强弱记号。乐谱上用括号和浅色字体标注着各种指示。

我认为,这与彼得·巴托克根据父亲的手稿出版的版本性质完全不同,是不必要的添加。作曲家和演奏家各有各自的领域,乐谱上写的,是作曲家想要的声音,如何演奏是演奏家的自由。即使是作曲家自己的指示,也只不过是演奏时的建议,把这些印刷出来作为"修订版",我认为一定会产生争议。现在,牛津大学出版社的目录上只有这个修订版,已经买不到初版和第二版了,这给今后想学习这首曲子的学生们带来了极大的不便。

最近[①],骑熊士出版社(Bärenreiter)推出了莫扎特单簧管协奏曲的中提琴版,大概是出自贝多芬的编曲,由克

---

① 1999年。

里斯托弗·霍格伍德(Christopher Hogwood)校订而成。这种情况很让人困惑。单簧管和中提琴虽然音域相同，但音量和音质完全不同，因为中提琴是隐藏在管弦乐团声音中的乐器，所以单簧管版本能听到的部分用中提琴拉就听不到。舒缓的旋律姑且不论，如果是细微的音符，音域也很低，则更容易被管弦乐团埋没。故此我认为特意出版为中提琴的编曲意义并不大。

音乐是不断变化的

音乐一直在不停地变化中，无论哪一种音乐或哪一种演奏风格，都不可能保有永远的价值。虽说新版本出版了，但要从根本上改变人们多年来潜心钻研的作品，是很不容易的，也许还有人会觉得这反而是多余的负担。

比如巴赫的演奏法。最近，用巴赫时代同样规格的古乐器进行演奏的情况很普遍，听众也会无意识地接受，因为古时的小提琴和中提琴都不使用腮托，所以大家一看就知道它们是古乐器。另外，古乐器只使用羊肠弦（用羔羊等的小肠制成的弦）。古乐器使用的"巴洛克弓"与现代弓的弯度方向相反，前端的形状也不同，用巴洛克弓在羊肠弦上演奏,可以发出细腻的多重泛音,且层次丰富。

随着古乐器的演奏普及,演奏现代乐器的演奏者也倾向于采用古乐器的演奏方法,不再是平均地使用揉弦,而是考虑和声的进行,只在必要的地方加入揉弦。在1999年的中提琴空间的音乐会上,我们就只使用了巴洛克弓演奏。我现在的演奏也吸收了很多古乐的演奏方法,虽然需要大量的练习,可一旦品尝到了巴洛克的单纯音声,就很难再回到用浪漫派方式演奏巴赫了。

尽管如此,当然也有人不愿意用古乐的方式演奏,他们依然坚持传统,使用带有很多揉弦的浪漫派方式演奏巴赫。这是个人的信念,也没什么不对,但我对新事物的好奇心比别人强一倍,对于新事物,我想不断地学习和吸收,所以不惜一切代价。如果有疑问,即使是跑到遥远的佛罗里达,也会选择上门解决问题。如果想用古乐的演奏方法演奏,就得向巴洛克演奏家求教。我从不满足于自己的见解,总是竭尽全力追求更好的东西,我认为这是作为演奏家的责任。对于音乐家来说,追求向上的东西永远也没有终点。

首演者的责任

另一方面,对于现代作品,演奏者还有另一种责任:自己委托创作或是作曲家题献给我们并首演的曲子,应该尽最大努力让更多人广泛演奏,绝对不能在第一次演奏后就把它葬送了。作为首演者,我们有责任为此竭尽全力。

比如,演奏武满彻的作品非常困难,光看乐谱,只把乐谱变成乐音是不成形的,只有加上自己的音色、自己的表现,才能演奏得有说服力。一开始,我怎么也想不出那些声音的形象,在登台演奏时,我的身体才终于感受到了音乐整体的大韵律,于是音乐优美地流淌出来。毋庸置疑,上台之前需要做相当多的功课。

管弦乐作品的问题更大。就像我在演奏《萦绕秋天的琴弦》时,吃尽了苦头。弦乐器演奏者一般无法仅凭阅读管弦乐团的总谱来想象整体的回响,特别是现代音乐,常常使人束手无策、一筹莫展。我自己完全没有在钢琴上弹总谱的能力,也就是说,实际的问题是,如果没有钢琴谱,想直接从乐谱学习现代乐几乎是不可能的。

目前出版的《萦绕秋天的琴弦》中,没有带钢琴谱,如果因为这种情况,而让这首名曲沉睡,就太遗憾了。因此,得到武满夫人浅香女士和朔特(Schott)出版社的许可,细川俊夫将其改编成钢琴二重奏版,并于2006年在中提琴空间首演。细川的改编远远不止单纯的编曲,而是成就了一部美丽的作品,近期①将由朔特出版社出版。

在武满《萦绕秋天的琴弦》之后,1992年我首演了他为长笛、竖琴和中提琴创作的作品《于是我便知道那是风》。1995年,又在维也纳首演了钢琴二重奏《鸟儿飞落小径》,那是他送给我个人的礼物。武满先生在那一年的2月去世,他没能听到我的演奏。直到现在,一拉这首曲子我就会流泪,虽然只有七分钟的曲子,却充满了无尽的悲伤与美丽。我是多么的幸福啊!武满先生为我写了三首曲子,我的责任就是竭尽全力让这些曲子继续被演奏下去。

留下声音

赋予乐曲生命,乐谱并不是唯一的方法,录音对今后想要演奏的人来说也会有莫大的帮助。因此,我尽量录

---

① 2007年。

下首演的作品和喜欢的现代作品,和锡永管弦乐团录制林光的中提琴协奏曲《悲歌》,也是为了想办法把它变成声音保留下来。

迄今为止首次公演的,不仅有武满、林光、细川的作品,还有别宫贞雄、西村朗、野平一郎,荷兰的让·凡·弗莱曼(Jan van Vlijmen),瑞典的珀尔·纳尔戈尔(Per Nørgård),英国的大卫·霍恩(David Horne)、迈克尔·蒂皮特、维陶塔斯·巴尔考斯卡斯(Vytautas Barkauskas)等作曲家的作品。我要把诞生于我这一代的中提琴音乐传递给下一代,今后,我也会以此为目标。

第9章
传　承

在中提琴空间的公开大师课上
2006 年 5 月 24 日
（图片来源之一：电视人联合会　摄影：藤本史昭）

近年来，我的教学工作增加了很多。

目前，我在日内瓦音乐学院和阿姆斯特丹音乐学院任教，每年也会去几次锡永的堤博·瓦尔葛高等音乐学院（Conservatoire Supérieur et Académie de Musique Tibor Varga），还会受邀参加各种音乐夏令营及短期大师班，等等。光是今年[①]，就有锡永的夏季音乐营、在瑞士由小泽征尔发起的国际音乐学院的弦乐四重奏讲习班、韦尔比耶（Verbier）音乐节，还有梅纽因音乐学校、芬兰的库赫莫（Kuhmo）室内音乐节，以及福井县武生音乐节的大师课。当然，也有中提琴空间的大师班。

为了下一代

包括大师班在内，到底现在有多少个学生，教过多少人，数都数不清。即便如此，如果希望我去上课，只要日程还排得下，我一定会答应，基本上我没有拒绝过任何人。不仅如此，有时即使对方没要求我去，我也会主动打电话，说可以给他们上上课。一般来说，没有老师会这么

① 2007 年。

做,所以对方通常会很惊讶。但如果遇到有才能的人,我不可能放着不管。

我认为培养下一代是作为中提琴演奏者的责任,我自己是在那个几乎没有中提琴独奏者、老师也很少的时代开始学习中提琴的,一切都是自己开拓才走到今天的。当然,这也可以说是好事。桐朋时代,拉中提琴有一种说不出的解放感,或许是因为它与小提琴不同,可以随心所欲地拉。在我前面没有任何人,没有权威的老师,也没有传统的中提琴,也许这正适合我的气质吧。当然,不能期待大家都走同样的路。

与我当年相比,现在学习中提琴的环境已大不相同。如今在世界上任何一所音乐学校都有专门教中提琴的教师,也能听到中提琴音乐会和中提琴唱片,每年都会有很多人参加中提琴空间。但是,有志于中提琴的年轻人还是很少,看看上大师班和参加比赛的人,我觉得中提琴相对而言缺乏光彩。我有一种危机感——如果不进一步从基础上扩大,有才能的人就出不来,这样下去,中提琴的路就会越走越窄。

正因为如此,无论多忙,我都要坚持教学工作。发现有才能的人,就想方设法地让他们进步,让年轻人在良好的环境中学习,为成为演奏家打下坚实的基础。如果不能延续到下一代,中提琴就没有未来。我之所以想写这本书,也是想通过回顾自己走过的路,给年轻人一些启示。

中提琴起步的时机

中提琴并不是越早开始就会学得越好的乐器,最好是在学小提琴时打下坚实的基础之后再转向。从物理上讲,中提琴又大又重,弦又粗,很难拉,所以不适合初学者学习技术;更重要的是中提琴保留曲目较少的问题。

如我们所知,中提琴的保留曲目实际上只有巴洛克、现代曲和室内乐,对于要学习音乐基础的人来说,是不够的。从古典派和浪漫派名曲中可以学到的东西是无限的,如果是学习小提琴,就能演奏莫扎特、贝多芬的奏鸣曲、协奏曲等名曲。

从这一点看,最好先学习小提琴,掌握好基本技巧,并学习所有的必备曲目,然后再来学习中提琴。我在大学之前几乎学习了所有的小提琴协奏曲,这样想来,转向中提琴的年龄具体来说应该是20岁左右,在音乐学院就读的时候最合适。高中生还学不完小提琴必备的曲目,但是如果太晚,就会失去感觉上的适应性,很难掌握中提

琴独特的演奏方法。我21岁转学中提琴,碰巧赶上了理
想的时机。

适合演奏中提琴的人

有些人会让人觉得特别适合中提琴。

首先,这些人原本就拥有"中提琴的声音",有些人则
没有。在声乐中,女高音和女中音即使唱出同样的音,音
色也不一样。拉中提琴虽然不需要特别高大,但应该是
体格结实的人比较适合,这些都是先天的资质。但是,即
使没有这些天生的资质,只要对音色敏感,也可以通过学
习,掌握中提琴的声音。

中提琴中很少有展现华丽技巧的曲子,大多是速度缓
和、音乐情感充沛、歌唱性较强的音乐。深沉的音色、深刻
的表现力,是演奏成败的关键。因此,人们常说中提琴是
"成年人的乐器"。随着演奏者年龄的增长,对音乐的理解
越来越深,就越能充分地把歌唱性的段落表达出来。中提
琴以"哀歌"为题的曲子很多,这也充分体现了中提琴这
一乐器的音色特性。当然,也有人同时具备拉小提琴和中
提琴的资质,但最终还是要看本人喜欢哪一种。

另外，在室内乐中，中提琴大都是支持者的角色，所以并不适合以自我为中心的人（primadonna）。当然是希望演奏者掌握了一定技巧，最好是达到了小提琴演奏家的程度，再加入到中提琴的队伍中来。

对于有这种资质的人，我从他们十几岁开始就刻意观察，并尝试吸引他们转到中提琴。当然，其中最重要的是"与中提琴坠入爱河"。

中提琴的曲目和工作量都相对较少，收入也不高，不喜欢是无法坚持下去的，和四重奏的第二小提琴一样。小提琴和中提琴，哪个更有利，不是用天平就能决定的。就像我在《堂吉诃德》中受到的启示那样，只有确信这是我的声音，才能坚持下去。中提琴的音色，可以说是感官性的，只要是迷上了那个音色的人，即使遇到一些困难也能克服。

小提琴家演奏中提琴

小提琴家中会拉中提琴的人，出乎意料的多，因为只要能读懂中音谱号，基本技巧都是共通的。古时候的尼科罗·帕格尼尼，现代拥有"瓜奈利"的平卡斯·祖克曼、什洛莫·敏茨（Shlomo Mintz）、马克西姆·文格洛夫（Maxim Vengerov）等人，也会在独奏会上既拉中提琴又拉小提琴。

威廉·普里姆罗斯在著作《中提琴演奏》（*Playing the Viola*）中这样写道："我不明白那些成功的小提琴家为什么要涉足中提琴领域，对于正在努力学习的年轻中提琴手来说，这是很不公平的，因为那些小提琴家具有名声，所以听众就会接受他们拉中提琴。如果觉得好玩，那么就在朋友面前尽情地拉吧。"

普里姆罗斯的焦躁表露无遗。

第一次读到这段文字时，我觉得只要拉得好谁都可以演奏，不过最近，我好像理解了普里姆罗斯的心情。我不会对小提琴家说不要拉中提琴，但是，希望他们能像我们中提琴演奏家一样，对中提琴和中提琴音乐充满热爱和热情，像我们一样真诚地追求中提琴的音色。

大部分小提琴家的技巧一般都很出色，所以演奏节奏缓慢的中提琴作品对他们来讲像是家常便饭。如果只是按照乐谱拉出声音，适当地把精彩的部分烘托出来，他们根本不需要花时间练习。但是，对中提琴音乐来说，仅仅这样是不够的，要钻研中提琴的音色、中提琴的表现手法、挖掘作品深度的内涵，光靠"炒一盘小菜"是远远不够的。

比如《哈罗德在意大利》,在技巧上没有特别难的地方,中提琴有很多"休息"的部分,那时只有管弦乐团在演奏,从某种意义上来说,是一首轻松的曲子。但是,这个"休息"并不是真正的休息,不是关闭大脑的时刻。我,作为中提琴手演绎哈罗德,要和管弦乐队一起上山,听朝圣之歌,参加山贼的交响盛宴。我一直认为,没有实际演奏的部分也是演奏的一部分,所以,有时看到独奏者把自己独奏的部分演奏得生机活泼,却在管弦乐团演奏时明显地松懈下来,我真想大吼一声:"错了!不是这样的!"

如果听众听到的是表面肤浅的演奏,以为中提琴音乐就是这样的,那就没有比这更遗憾的了。小提琴家当然也可以演奏中提琴,但是,如果是拉中提琴的话,我希望他的演奏能让所有听到的人都爱上中提琴。我希望大家能感受到中提琴的美,带着那种喜悦去拉。中提琴这个乐器还在发展中,它如此独特的魅力,应该要向更多的人展示出来,这样一来,立志学习中提琴的年轻人自然会增多。

教学工作

我第一次从事教师这一职业,是加入维米尔四重奏,成为北伊利诺伊大学副教授的时候。当时我三十岁左右，给学生们上课真的很开心，课上一半的时间都是我自己在拉。

"这样拉出来的音色非常好，很好哦。"我自己拉了一遍又一遍，很高兴的样子。那时我既不懂指导方法，也不会分析说明，只能现场示范，但这似乎对学生并不坏。不管怎么说，老师天真快乐地拉琴，可以成为好榜样，感染到他们，让他们产生想模仿一下的心情。当时的学生，其中一位，毕业后马上成了底特律交响乐团首席演奏者，其他学生也都活跃在世界各地的乐坛上。

我从开始教学，经过了十年、二十年，也积累了相当多的经验，终于明白单方面地教授，只重复同样的事情是不可行的。如果不知道学生想要什么或者时机不对，效果就不会好。之前有一个从美国来的学生，头一年不管说什么都听不进去，他大概是想既然来了欧洲，那就从今井信子身上汲取些东西再回去吧，然后把它写进简历，就好像买东西一样的心情。那时他当然没有心情听老师的忠告，耳朵也不可能打开，不管说什么都像耳旁风。

但是，当他感到事情无法按他预想的发展，他停下了脚步，开始烦恼，终于对我说想认真学习。这时情况就完全不一样了，仅仅上一两次课，就会有戏剧性的变化。只要看到学生走进教室时的样子,眼睛里闪烁的光芒,第六感就会告诉我:咦,有什么东西和往常不一样了。从那一刻起,我们的课程才会真正结出果实来。

即便如此,我也不会从头到尾事无巨细地教导学生,从这个意义上说,我或许不是个亲切的老师。例如,我不会告诉学生指法,只有用自己的指法演奏,才能拉出自己想要的音色。我让学生根据自己的感觉来思考如何找到自己想要的声音。有许多著名教师,他们要求学生从一到十完全按照自己的指法和弓法演奏,但我不会这么做。如果从一开始就全部给了学生,那么他们只是囫囵吞枣地接受,速成的结果可能会觉得很有面子,但那不是真正的实力。

桐朋时代,斋藤老师常常骂我们:"你们呀,说一次就能做到,为什么不从一开始就那样做?!"当时我觉得老师很不讲道理,明明可以夸我们一次就做到了,为什么还要生气呢?不过,最近我越来越理解斋藤老师的心情。当然,也有说了很多次也做不到的人,但反应快、灵敏的学生只要说一次就能做到。这时我就会很生气,既然那么快就能做到,为什么一开始不做好呢?为什么自己不思考呢?不愿意自己思考,什么都请教老师,这实在是太幼稚了。

出了学校的门,做什么都得靠自己,没人可以教给我们。老师不可能一一给出建议,最重要的是使用自己的头脑,养成自己思考的习惯。

导 师

遇到有特殊天分的学生,对老师来讲,真是莫大的喜悦。他们有想象力、有感受性,最重要的是有专注力。不可思议的是,有这种天分的人在演奏时,脸颊上会突然发热。记得与艾萨克·斯特恩一起演奏莫扎特五重奏时,我第一次有这种感觉。在最后一个乐章开头的柔板处,斯特恩的脸开始发热,仿佛在冒热气。在他旁边演奏,能感受到他散发出的巨大能量。极致的专注力。小泽征尔也是如此。这就是为什么他们具有魅力的原因吧。

以我自己的体验来说,有时拉着拉着,后背一下子绷紧,身体里的细胞凝缩起来,密度变大,感觉就像身体缩小了一样。就像人愤怒过度,身体会颤抖,可以说接近于那种感觉,这就是专注到极限时的感觉。这种时候在外人感受到的,就是他们的脸会发热吧。观察指挥家们也会发现同样的现象,感到他们背部紧张的时候,音乐的张力也随之高涨。

强大专注力(intensity)所释放出的能量,不仅同台演出的人可以感受到,甚至会强烈地传达到观众席上。上百名的观众都被演奏吸引过来,一动不动地屏息倾听。整个大厅融为一体,这是至高无上的瞬间。一个乐句接着一个乐句,充满紧张感的音乐结束的那一刹那,忍耐已久的叹息,一下子释放出来。身心的舒畅难以用语言形容(音乐会后喝的第一杯啤酒,多么畅快啊)! 能遇到有这种能量的学生,让人不禁满怀欣喜。

但是,不管多么有天赋,凡事都能一帆风顺的学生真的不多。即便是在自己的国家名列前茅,怀抱着前途无量的心情来留学的人,在国外却无法如预期的那样发展,或是在比赛中落榜,陷入困境、一蹶不振,这种情况比比皆是。如果只是技术上、音乐上的问题,我还可以提出些建议,但很多时候问题出在个人的成长过程中。不过,即使因为个人的事情而烦恼,只要好好观察合奏伙伴,还是能学到很多东西。因为拉中提琴,合奏的工作相对比较多,从别人那里学习的机会就会增多,这正是中提琴的优势。

当学生自己尝试着从失败中学习,一步一步奋力前进的时候,大部分时间我往往什么也不说,只是默默地看着。即便在他们情绪低落的时候,我也不会刨根问底,也不会给出建议,基本上是置之不理,因为任何人最终只能靠自己爬上去。当然,一直看着学生痛苦本身也是很痛苦的。不过,这也许和养育孩子是一样的,父母能做的只有祈祷。

我班级里的学生来自世界各地,所以,从第一堂课开始,我就告诉他们:你们的任务是回到自己的国家推广中提琴。智利人也好,斯洛文尼亚人也好,大家回国后都很努力。很多学生在学期间没有什么成果,有时我会担心这些孩子将来会怎么样,但过了十来年几乎已经忘记的时候,他们都已有了惊人的成长。这种时刻是当老师最开心的。

我有个学生,回到意大利后,全身心地爱上了巴洛克音乐,他对巴洛克的了解,已经使我望尘莫及了。也有学生召集同伴进行巡回演出,还有学生把乐谱寄给我,说把《蓝色多瑙河》改编成了六把中提琴用的曲子。也有在教学上下功夫,比我还努力的学生,在欧洲各地担任教授职位。每个人都有自己的世界,怀着自信工作,锡永 CD 的录音工程师服部光一郎就是其中之一,他原本是我在代特莫尔德音乐大学的中提琴学生。看到他坚信自己选择的道路,在工作上如此杰出,我特别欣慰。

和我一样,他们都是根据自己的意志选择中提琴的,并不是被父母逼着,稀里糊涂学下来的。我们都是曾经在人生的某个时间点,为选择继续学小提琴还是改拉中提琴而迷茫,最后改学中提琴的。也许我们本来就是因为性情相近而自然而然聚集在一起的,大家都和我一样,对音乐充满了向往,懂得用身体享受音乐的快乐,而且大家都有很强的探索心和行动力,我也从他们身上获得了巨大的能量。

我想教的不是拉什么、怎么拉,而是更深层的东西。我想告诉学生音乐是没有尽头的,越走越有趣。更重要的是,我想教给他们音乐可以带来喜悦。对我来说,罗伯特·曼恩就是这样的老师,他教我的时候,眼睛总是闪闪发光,我的眼睛无法离开老师的脸,感觉自己像被施了魔法。教音乐时老师自己也沉浸在音乐中,这种能量总能传遍我的全身。

我想和学生一起感受,一起思考。无论教任何学生,我都决不使用公式化的语言,而是当学生遇到问题时,我能像自己第一次遇到同样的问题一样,带着新鲜感和他们一起思考,和学生两个人一起解决难题。我希望自己能成为一名专注于寻找答案的教师,与学生一起感受解开答案的喜悦瞬间,从而培养学生的自发性。我能给学生带来一些灵感,看到学生精神饱满地回家,我就非常高兴。我希望通过共享这样的时间,成为受学生爱戴的老师。

生活在21世纪

　　21世纪真是忙碌的世纪。我常常像口头禅一样对学生说，现在还是学生，可以好好儿地练习，离开学校后，工作越顺利，琐事也会越来越多。毫不夸张地说，我就是经常从杂务的间隙抽出十分钟、十五分钟来练习的。现代社会，不可能有音乐家能够与世隔绝，一心一意地专注于音乐。一切都是因为速度变快了。

　　以前说到演奏旅行，就会想到坐船，在到达下一个公演地之前，可以站着练习养精蓄锐。现在，坐飞机环游世界，有时会接连三天在不同的地方拉不同的曲子，心和大脑都没有充分消化的余地。以前，即使是与国外取得联系，寄了信之后要等好几天，有时要等好几个星期才能收到回信。最近不管哪个国家基本上都用电子邮件，所以不用等，必须马上决断，马上回信。对我来说，电脑是仅次于中提琴的工作工具。而且，信息已经没有了国界，头一天在伦敦的演奏会评论，第二天也能马上读到，BBC播放的自己的演奏也可以用电脑听，演奏家的消息也会通过电子邮件一下子传遍全世界。

　　21世纪的演奏家，必须具备顺应这个时代的适应性和判断力，在世界各地飞来飞去是理所当然的，大家都是宇宙人。但是，日本人就是日本人，作为日本人必须培养国际社会通用的人格,成为一个独立的人,被认可的人。这个话题虽然是老生常谈,但实际上很难。

我认为,每个人的人格养成都是从日常生活中的琐碎小事开始的。加强工作的密度,为家人竭尽全力,在每天的日常生活中不断提高自己,日积月累,就会形成一个独立的人格。重要的是,在自己心中消化、记忆每天发生的事情,并将这些体验与未来联系起来。

前几天,有生以来第一次看到比萨斜塔。如今,比萨斜塔恐怕无人不知,但是,我亲眼所见的斜塔却显得神圣无比,熠熠生辉,与周围的教堂和广场交相辉映,让人感受到历史本身的庄严。

据说,荻元晴彦先生曾对头脑聪明的工作人员说:"你什么都懂,就是什么都不懂。"这成了他的口头禅。听了这话,我拍案叫绝。确实如此,任何事情都不是单纯的知识和信息,而是亲眼所见的感动。就这样,全身心地投入,一件一件地积累在体内,最终塑造了自己的人格。

不放弃

幸运的是,我从来没有因为性别和人种的差别而感到委屈。当然,音乐界也不是完全不存在歧视。在美国,曾经有过黑人歌手不能和白人从同一个入口进入剧场的时代。在欧洲的管弦乐团中,优先录用本国男性的倾向仍然很强烈。当然,被问到"日本人为什么要学西洋音乐"更是家常便饭的事,但我总是反其道而行之。

小小的日本"女孩"扛着大大的中提琴,发出很大的声音,这似乎给人们留下了深刻的印象。即使是现在,只要一发出声音,就会被惊奇的目光注视。所以,虽然曾经有人以中提琴这个乐器为由拒绝过我,但从来没有人因为我是日本人或女人而拒绝过我。能在不知挫折的情况下积累职业经验,我觉得真是太幸福了,这或许因为中提琴是一个尚未被开拓的领域吧。说起来,维也纳爱乐乐团接收的第一个女性是中提琴手,恰巧也是我的学生。

重要的是,不要放弃。可以认真思考一下,现在最想做什么? 现在能做的事情是什么? 完全没必要走捷径,即使花费很多时间,做自己喜欢的事对自己也一定是有益处的,坚持下去,总有一天会豁然开朗。学生时代,我曾和父亲的一位朋友说过这样的话:"当你觉得已经不行了,想要放弃的时候,往往在最后的瞬间看到了曙光。"真的是这样,无论是音乐会还是录音,当全力以赴顺利完成后,就会想起中途触礁、看不到未来的不安的日子。但是,我从没有放弃过。这些能量积蓄在我的体内,会成为下一个目标的动力。

而且，正因为是这样的时代，那些不容易得到的、看不见的东西才显得更加重要，这是我最希望传达给年轻人的。在欧洲生活了一段时间后回到日本，就会发现日本的生活有多方便，真的什么都很方便。信息泛滥、太过丰富，有时反而会令人感到困惑。对于日本的年轻人来说，生活上几乎没有什么障碍。不过，这或许就是问题的所在。

桐朋时代，心中充满了无限向上的憧憬——想听这个人的演奏，想看这首曲子的乐谱，想拉一拉那首曲子，想出国，想见一个只知道名字的老师，想拜他为师……正因为那些都不是一件容易的事，实现时的喜悦和充实感才格外强烈，这也成为我走向下一目标的原动力。

在这个伸手就能得到任何东西的时代，到底还有什么能让我们如此憧憬呢？那就是音乐本身，只有音乐本身。围绕着音乐的那些事，成为我们憧憬对象的时代已经过去了，留下的只有对音乐本身的憧憬——被想要演奏音乐、想要传递音乐的想法所驱使。正因为如此，立志音乐的人必须更加真诚地面对音乐，认真地面对自己。

终　章

没有风险　就没有荣耀

和孩子们
清子一岁半，步六岁

我有一位朋友，因为不想迎接2000年这个世纪之交的年份，而选择了结束自己的生命。他是音乐爱好者兼实业家，已经九十多岁了。收到他寄给家人和亲朋好友的告别信时，我的身体被恐惧笼罩，完全僵住了。大概是意识到生命的能量和自己的使命都已经耗尽了吧，但是，对于留在世上的我们来说，却留下了一种被欺骗、被冷漠抛弃的无处发泄的心情。他有充分的理由结束生命，我也想尊重他，但终究无法接受。这件悲伤的事似乎成了某种预兆，从那时起，平静的家庭生活开始一点点出现裂痕。

荷兰的家

我第一次见到荷兰籍第二任丈夫阿尔特·范·博乔夫（Aart van Bochove），是在决定辞去维米尔四重奏的第二年。虽然是个普通商人，但他酷爱音乐，三十岁开始学习大提琴，对室内乐无所不知，甚至连《马太受难曲》的谱也能背下来。目前，他在荷兰巴赫协会担任理事长。

认识两年后的1980年，我们结婚了，第二年生下女儿清子。对于在几乎没有父亲的环境下长大的儿子步来说，我丈夫成了他人生的导师。

　　丈夫成长的家庭,从第二次世界大战前开始就与犹太人的流亡有关。据说在他五岁时,家中曾藏匿过一位犹太女性长达一年半之久,当时,他们家就在纳粹司令部对面,那个女人每天隔着窗帘看着司令部,偷偷地熬着日子。当然,万一被发现的话,我先生的父母也会被送到收容所,简直就像《安妮的日记》。战后,丈夫也多次为俄罗斯裔犹太音乐家的流亡提供帮助,成为指挥家基里尔·康德拉辛(Kirill Kondrashin)、大提琴演奏家米沙·麦斯基(Mischa Maisky)、鲍罗丁四重奏(Borodin Quartet)等近二十名音乐家及其家人的保证人,也直接参与了他们的逃亡行动。

　　结婚后,我也开始和这些流亡音乐家及他们的家人交往。他们每个人都不惜抛弃地位和财产,有时甚至抛弃家人而亡命他国。越是这样的觉悟,我受到的冲击就越强烈。而我自己,无论发生什么事,只要有父母在日本就能安心,我觉得自己在国外的生活是太安逸了。因为遇到了丈夫,我才得以将目光投向了以前从未接触过的世界。杉原千亩①先生战时曾经给六千名犹太人发放签

① 杉原千亩(1900 年 1 月 1 日—1986 年 7 月 31 日),日本外交官,人道主义者。曾于第二次世界大战期间任大日本帝国驻立陶宛代领事,其间为逃避德国纳粹的犹太人违令签发过境签证,逾六千名犹太人因他而得救,被称为“日本的辛德勒”。

证,使他们逃离纳粹魔掌,为了向他致敬,维陶塔斯·巴尔考斯卡斯创作了《小提琴与中提琴二重协奏曲》。2006年,我首演这首协奏曲时,心中无限感慨。

位于靠近德国国境的宁静小镇贝内康姆的家,如梦想中温馨可爱。那时我只要有一点空闲,就一定会回家。孩子们还小的时候,我从日本请了人帮忙做家务。长里乡子、佐佐木三奈子、山崎乡子、常冈三枝子、谷口由里子、吉长千鹤、市濑爱子——七个人,基本上两年一换,三枝子照顾了我们家四年。那时她们大都是二十多岁,第一次在国外被委以"大任",想必很辛苦吧,但如果没有她们,我们家的日常生活就无法维持,幸运的是我们都相处得像家人一样。

没有围墙之隔的邻居们也都非常亲切,宛如亲人一般。孩子们的生日派对,邻居们也都会来参加。说要到瑞士去滑雪,他们会往我车里塞些饼干和糖果,让我吃。特别是隔壁的老夫妇,从小就很疼爱丈夫,对孩子们也像爷爷奶奶一样。我经常不在家,丈夫和帮工以及邻居们都尽力帮忙。

孩子们

清子说,妈妈一回家,每天都像过节,大概是因为家里突然热闹起来,我每天都要做很多好吃的,还有很多人来拜访。但是,那个妈妈不久又会消失。这种不安似乎一直存在着。上小学一二年级的时候,孩子们有了更多的朋友,对学校也越来越感兴趣。小朋友的爸爸妈妈(在荷兰,男性不工作在家做家务的情况并不少见)都待在家里,但我们家却不同。而且,伙伴们的爸爸妈妈都要年轻很多,孩子们对此心中不满,常常抱怨。

当然,也有很多快乐的时光。圣诞节、复活节等节日,我一定会待在家里,去滑雪的时候也和家人在一起。夏季音乐节演出,我也会带着家人一起去。生活中也有很多令人怀念的回忆,我们甚至还去过希腊野营。清子清楚地记得,当时小小的她看着被古迹感动的父母不可思议地说:"这可不是普通的石头。"圣诞节对我们家来说是件大事。每年一过9月,我在巡演的所到之处就开始选购各种圣诞节礼物,为邻居们,为荷兰的亲戚们,还有家人……准备多少礼物好像都不够。当然,回到家后,把这些礼物找地方藏好几个月也不容易。每到圣诞夜,我总是整夜不睡。在清子还相信圣诞老人会来送礼物的年龄,她通常早上五点就醒了,然后跑到圣诞树下大声欢呼。可能全世界都一样吧,自己的家是最快乐的。

和清子去美国西海岸参加音乐节的时候,发现了两只很大的寄居蟹,我们把它们养在酒店的房间里,越来越觉得可爱,要回荷兰的时候,怎么也不舍得丢弃。于是,两人绞尽脑汁想怎样才能把它们带上飞机,我们准备了一个盒子。但是,如果行李通过 X 光检查的话,说不定会死掉。我用纸巾包好寄居蟹,放进了大衣口袋,就这样顺利地通过了 X 光检查!那时候通关检查连外套都不用脱,如果是现在,肯定会引起轩然大波。

在飞机上,盒子里的寄居蟹不停地闹腾起来,清子和我只好拼命地大声讲话来掩饰。怀着忐忑不安的心情终于到家时,两个人都筋疲力尽。但遗憾的是,寄居蟹似乎不喜欢荷兰寒冷的气候,一周左右就死了。看到寄居蟹的腿变得四分五裂,清子和我都哭了好几天。对她来说,这是第一次经历生命的死亡。

步也很照顾比自己小 11 岁的妹妹,虽然兄妹经常吵架,但有两个孩子,真是不错。他们两人都学过钢琴,所以经常四手联弹。

步小的时候,心里也有过抱怨吧,跟着母亲四处流浪,不停地搬家、换学校,有时甚至要学习新的语言。记得他曾对我说："妈妈，你又要去别的地方了吗？我好不容易才交到了朋友。"但是，那时的他只能跟随，在芝加哥的时候，他因为帮我铲雪，得到了25美分奖励，后来他说雪又积起来了，就把钱拿来还给了我。那时候的步和现在的步常常重叠在一起。他就是那种只要有人拜托他做什么事，就会不计报酬地全身心投入的人。做自己想做的事，这是步的信念，我很感恩他成长为一个纯粹的人。

裂　痕

但是，自从丈夫担任了荷兰马丁航空公司（Martinair）的总裁后，事情就没有那么顺利了。马丁航空是荷兰王室成员御用、在荷兰家喻户晓的公司，丈夫的名字也随之经常出现在报纸上。他忙于工作和社交，连回贝内康姆家的时间都没有了，邀请全家出席的社交活动也成为常事，这样一来，作为总裁夫人的我因为音乐会几乎无法出席，这突然成了大问题。

音乐家一旦开始工作，音乐就是一切，那里只有声音和自己，只有音乐和自己。在这一瞬间，丈夫的事情、家庭的事情根本无暇顾及。现在想来，它不仅仅是因为工作上的冲突,更是因为我有一个别人绝对不能进入的领域,而使家人感到寂寞了吧。

虽然感受到了笼罩在家庭上的阴影,但也没有办法,音乐家的工作,几年前就定好了日程,不太可能根据生活的微妙变化而调整。离家演出时,就像戴上手铐被强拉着出门,即使想留在家里也不可能,想和丈夫说话,也没有时间。心里真是苦。

就在这个时候,清子得了一种叫慢性疲劳症候群的病,三年没有上学。现代医学还不知道病因和治疗方法,总之是一种身体无法活动,甚至无法从床上起来的疾病。我四处打听,终于找到了荷兰最好的医生,医生给我们的治疗方案是:带清子到室外,每天两次,每次五分钟,这本来很简单,但对清子却不是一件容易的事。从五分钟开始,一分钟一分钟地增加散步的时间,科学地安排生活节奏,做到这一点之后,一天读两次书……经过漫长的治疗,半年后清子终于恢复了健康,如果没有找到这个医生,也许她还在病痛之中吧。

后来,清子顺利回到了大学,她选择了心理学。因为从小被各种各样的人包围,使她具有惊人的洞察力,在体察别人的心情方面更加擅长。清子战胜了痛苦的疾病后,开始深入思考人的生存和本质等问题。清子如其名,性格清纯,令人怜爱。这孩子今后会有怎样的人生在等着她呢? 真的很期待。

被医生叫停

这样的事情接二连三地发生,使我对不得不离家产生了极大的厌恶。音乐给家人的生活带来了恶劣的影响,因为有这种感觉,演奏本身就成了一种痛苦。我不断地拒绝工作,在音乐圈狭小的世界里,一旦有这样的传闻,第二天全世界的人都会知道。渐渐地,工作邀约就减少了,一想到可能再也不会有工作了,我就越发郁郁寡欢。

2003 年 3 月的一天,我突然感到右臂沉重,抬到肩膀就再也抬不上去了,剧烈的疼痛从胳膊肘上方窜到肩膀。医生建议停止演奏三个月,5 月的中提琴空间也必须取消,内心的挣扎真是苦不堪言。5 月的东京公演,我只好坐在了观众席上,朋友们分担了本应由我拉的曲子。很多人鼓励我,在德国科伦贝格(Kronberg)举行的中提琴节(Violafest)上,金·卡丝卡茜安、塔贝亚·齐默尔曼、尤里·巴什梅特等大腕云集,但主办方却还是邀请了不能演奏的我作为嘉宾出席。更令人意想不到的是,我被国家授予了紫绶褒章,我想一定是有人为了激励我而推荐的。

就这样,虽然不是自己求来的,却意想不到地有了三个月的休假时间。平时,在一个城市连一个星期都待不上,演奏会和演奏会之间就是坐飞机。每天都不知道自己身在何处,满脑子都是接下来要拉的曲子,即使家庭陷入危机也没有时间烦恼。所以,空白的三个月,成为了回顾过去、思考今后的宝贵时间。

作为演奏家,今后的时间该如何度过呢? 应该如何完成上天赐予的这份工作呢? 今后我的任务是什么? 自己接下来想做什么? 我每天都在思考。

就在我觉得前方终于有了曙光的时候,我的身体状况也好转了,复出后的第一份工作,就是和精工爱普生合作,录制泰勒曼的 CD。现在回想起来,那三个月的休假是上天最好的安排。

米开朗琪罗弦乐四重奏

休养期间还有一件好事,我们正式组建了一直构思的新弦乐四重奏——米开朗琪罗弦乐四重奏

（Michelangelo Quartet）。乐团成立的契机是与大提琴演奏家弗朗兹·海尔梅森（Frans Helmerson）和小提琴演奏家米哈埃拉·马丁的相遇，与他们的邂逅也是一次偶然。

很早以前就听说过弗朗兹·海尔梅森这个名字。海尔梅森当时担任音乐总监的芬兰科尔斯霍尔姆音乐节（Korsholm Music Festival）每年都邀请我演出，因为音乐节在6月举行，正好和我任教的代特莫尔德音乐学院的期末考试和入学考试日期重叠，故无法成行。我没见过海尔梅森，而且每年都拒绝他的邀请，我希望他就此放弃，可他还是不厌其烦地邀请我。他的执拗给我留下了"这是个厉害的角色"的印象，不知不觉中，希望在某个地方见到他的愿望竟膨胀起来。

2000年，我依旧给科尔斯霍尔姆音乐节发了传真："对不起，学校真的有考试。"那年夏天，我去参加了由小提琴家伊莎贝尔·范·科隆（Isabelle van Keulen）于1997年创办的代尔夫特室内音乐节（Delft Chamber Music Festival）。音乐节要求必须和被分配的人一起演奏被分配到的曲目，去了一看，曲子是加布里埃尔·弗雷（Gabriel Fauré）的钢琴四重奏，小提琴是米哈埃拉·马丁，大提琴是弗朗兹·海尔梅森！真是命运的安排。

排练开始后，我才知道米哈埃拉和弗朗兹是夫妻。

他们两个人穿着像工作服的宽大 T 恤，雄赳赳地走进房间，小小的房间里，被他们的气场充斥着。试着合了一下，咦，很容易拉，就像开高级轿车，很顺滑。音乐会结束时，弗朗兹说："音程完全吻合。"这句话我至今难忘。在四重奏的章节里我也曾写过，弦乐合奏的和声很微妙，第一次和对手对上音不是那么容易的事，这非常难得。

那个时候，米哈埃拉一边在后台练弗雷，一边拼命地准备其他曲子，据说那天他还要和伊莎贝尔演奏博胡斯拉夫·马尔蒂努（Bohuslav Martinů）的《五节牧歌》（*Five Madrigal Stanzas*）。"我好像没拉过这首曲子。"他一边说，一边在乐谱上写指法，只用了五分钟，就完全有了把握。和他一起拉了十年琴，至今也不得不佩服他那天才般的能力。弗朗兹对曲子的洞察力也非同一般。

2001 年，NTT 赞助了卡萨尔斯音乐厅的室内乐项目，荻元晴彦先生找我商量，希望以美艺三重奏的钢琴家梅纳海姆·普莱斯勒（Menahem Pressler）为中心组成室内乐团。虽然我没见过梅纳海姆，但他的名字无人不晓。要找到能和他搭档的音乐家可不是一件容易的事，比起节目单，人选才是关键。这时，我突然想起米哈埃拉和弗朗兹，一问才知道，真的很幸运，正好两人的日程都空着，他俩很高兴来日本。他们俩加上柏林爱乐管弦乐团低音提琴首席莱纳·策佩利茨（Rainer Zepperitz），以及当时才二十多岁的小提琴家岛田真千子，还有我，六个人组成了"卡萨尔斯音乐厅2001室内乐团"（Casals Hall Ensemble）。

巡回演出于12月举行，我们演奏了舒伯特的钢琴五重奏《鳟鱼》、勃拉姆斯和德沃夏克的钢琴五重奏、施尼特克的弦乐三重奏等曲目。在荻元的故乡长野县饭田市也举办了"荻元晴彦故乡音乐会"，但荻元在那年夏天因脑卒中病倒，从此再没能恢复意识，9月去世了。这次演出就变成了追悼演奏会，节目一开始，米哈埃拉、弗朗兹和我一起演奏了巴赫《哥德堡变奏曲》的咏叹调，献给故去的荻元。这是一件很悲伤的事。

大约十天的巡演圆满结束，最后一场演出在卡萨尔斯音乐厅。我怎么也无法想象从今往后见不到米哈埃拉和弗朗兹会是什么样，我们一起演奏、一起进餐，彼此产生了志同道合的情感。回到山上的宾馆，我邀请他们："一起喝一杯怎么样？"弗朗兹回答说："我们房间比较大，来喝杯红酒吧。"——米开朗琪罗弦乐四重奏的种子，就是在这个时候种下的。自1978年告别维米尔四重奏以来，这个梦想一直默默萦绕着我。虽然是我提议的，但他们两人也说想试着拉四重奏，真是没有比这更好的时机了。

　　而且,我和弗朗兹还有很多交集。英国的阿莱格里弦乐四重奏(Allegri String Quartet)成立于1953年,迄今已经更换了好几代演奏者,目前还在继续,创立者是大提琴家威廉·普里斯(William Pleeth)和小提琴家伊莱·葛伦(Eli Goren)。普里斯是杰奎琳·杜普雷(Jacqueline du Pré)的老师,在纪录片《回忆杰奎琳·杜普雷》中收录了师徒二人首演的愉快景象。伊莱是我在曼彻斯特教书时的同事,我非常尊敬他。我和普里斯三个人一起拉过三重奏,那个普里斯竟然是弗朗兹的老师。我非常喜欢伊莱送给我的阿莱格里弦乐四重奏唱片中收录的海顿的《f小调弦乐四重奏》作品55之2,听得耳朵几乎要磨破,弗朗兹也非常喜欢它,也曾一遍又一遍反复地听。说到这个话题,我们俩都很激动。2003年在阿姆斯特丹音乐厅(Concertgebouw)的首场音乐会,毋庸置疑演奏的是海顿的曲子。

　　我们虽然很晚才相遇,但原本就有很多共通之处。四重奏这种东西,不论年龄和国籍,只要四个人的"化学成分"不一致,就无法长久,我觉得50%是音乐,50%是人。而且,如果价值观不合,只会让自己更加痛苦。世上有很多优秀的大提琴家和小提琴家,但能一起拉四重奏的人也只有极少数。我们的相遇或许真的可以说是奇缘。

走向未来

　　现在的我,体能上已经过了顶点,拉中提琴,当然是年轻时更加轻松。但是,现在精神上到达了成熟的境地,心灵上也获得了解放。

　　过去,我会因各种各样的事情而烦恼,比如如何打造职业生涯,如果一件事顺利的话,会为之后带来什么,会不会有好的乐评,等等。而现在我已经什么都不在乎了,剩下的只是音乐带来的喜悦和憧憬,就像桐朋时代,每天沉迷于音乐的日子一样,只有纯粹的喜悦。世界被音乐填满的幸福感又回来了,现在的我很自由,我想按自己的直觉和感性生活。而且,我想通过中提琴,把这种喜悦传递给大家。

　　回想起来,像我这样充满缺点的人居然也能活到现在。虽然对学生讲话时很威严,但在孩子们眼里却是天下最冒失的人,过马路时连左右看都不看,清子常笑我怎么一个人生活。虽然也有过迷茫的时期,但随着时间的推移,很多事情自然而然就解决了,在那之前也有过痛苦的等待,但这种乐观的性格帮助了我。

　　明天有明天的风。我首先想做一个人,而不是女人。一直以来,时间都是上天赐予的珍贵礼物,我发自内心地感谢。

我很喜欢 "No risk, no glory"，也就是 "没有风险，就没有荣耀" 这句话。有很多事情只能现在做，如果想上一个台阶向更高的地方前进，就只能下定决心前进。踌躇，是十分可惜的。比起做不做得到，我觉得这种心态更为重要。

我从来不把风险当风险，一旦认准了就会勇往直前，顺应天命。辞去维米尔四重奏的时候，也不是因为讨厌四重奏才想辞职的，只是想去广阔的世界看看，想去未知的地方的愿望很强烈。我总是这样，并不是有了没问题的保证才行动，决定做就做。仅此而已。有梦想就能活下去，我想走别人还没踩过的雪道。

普莱斯勒曾说过这样的话——登山的时候什么也看不见，只管看着地面拼命往上爬，也不知道自己身在何处；但是，到达山顶的那一瞬间，世界豁然开朗。那个时候，你终于可以俯瞰整个世界，整个音乐的世界。

也许我现在终于来到了山顶附近，也许永远也不会登上山顶，也许永远也达不到4807米的勃朗峰（Mont Blanc），只能到达富士山的山顶。尽管如此，今后我也想一直攀登下去。

音乐是珍贵的。对我们音乐家来说，最重要的是了解音乐的伟大之处，并为音乐服务，对音乐保持憧憬的态度。

一切都源于憧憬。

尾　声

2013 年 4 月 2 日,我再次见到了约瑟夫·德·帕斯夸莱。1964 年在坦格伍德音乐节上听到他演奏的《堂吉诃德》,随之与中提琴坠入爱河,那以后就再没有见过他。一晃 49 年过去了,生于 1919 年的帕斯夸莱已经 94 岁了,但身体还很棒,现今仍在柯蒂斯音乐学院任教。

"想拜他为师"的信件发出后一直没有得到回音,让我心中多少产生了些芥蒂。我当时也在美国,想见面的话随时都能见到,但我已经没有了那种心情。这次我来柯蒂斯音乐学院教课,正巧在小樽的中提琴大师班教过的一位中国台湾男孩在此留学,他师从帕斯夸莱。于是我告诉他,我是听了帕斯夸莱的演奏后,才改拉中提琴的,他就转告了帕斯夸莱。大师课开始之前,我看到老先生已经坐在那里了。他还记得我,没有比这更让人开心的事了。我对学生们说,今天可以站在这里,是因为五十年前他的演奏太精彩了,大家鼓起了掌。对我来说那是激动人心的一天。

《憧憬》一书出版于2007年,之后的六年里,发生了好几件像这样令人难忘的事,在再版即将出版之际,我想在此做些补充。

东京国际中提琴大赛

2009年,第一届东京国际中提琴大赛开幕,作为从1992年开始持续至今的中提琴空间的延伸,我们计划在东京举办单独的中提琴国际比赛,不仅邀请海外嘉宾举办音乐会,还希望能从日本向海外传播。大赛每三年一次,与中提琴空间同时举行。音乐会和举办大型大赛在程序和预算上大不相同,小小的中提琴空间举办如此规模的国际比赛是一个巨大的赌注。工作人员的不懈努力,加上在帕布罗·卡萨尔斯音乐厅时代就开始持续赞助的NTT融资的支持,使得比赛终于得以实现。

与小提琴和钢琴相比,中提琴的国际比赛少之又少。综合各种竞赛来看,中提琴比赛有:慕尼黑国际音乐比赛、日内瓦国际音乐比赛、奥地利勃拉姆斯国际音乐大赛(International Johannes Brahms Competition)和德国马克思·罗斯塔国际比赛(International Max Rostal Competition)。其中日内瓦国际音乐比赛因资金不足,减少了比赛项目,中提琴比赛在2005年举行了最后一次。单独举办中提琴比赛的有英国的莱昂内尔·特蒂斯国际中提琴比赛、美国的威廉·普利姆罗斯国际中提琴比赛以及2009年开始举办的阿姆斯特丹中提琴比赛。仅此而已。东京国际中提琴比赛从第一届开始就备受瞩目,吸引了来自欧美、亚洲的百名参赛者。

第二届比赛在2012年,因前一年的东日本大地震和福岛第一核电站事故,许多艺术家拒绝前来日本,我们担心海外的参加者会减少,所幸应募人数和第一届持平,而且还诞生了日本的获奖者。另外,比赛从第一轮到决赛的整个过程都通过网络进行了直播,全世界超过一万人实时关注了比赛实况。第三届于2015年举行,今后,我们还想进一步增加中国、韩国等亚洲国家的参加者。

东京国际中提琴比赛,评委们不仅要在中提琴空间的公开大师班上担任讲师,还要在音乐会中演奏。比赛结束后,我们还会为获奖者举办获奖纪念音乐会,同时他们还会被邀请到第二年的中提琴空间演出。参赛课题曲的层次也很丰富,选手们可以尝试一些从未有过的保留曲目。第二届比赛的曲目增加了武满彻、细川俊夫等日本作曲家的作品。评委每次也不是固定的成员。大赛并不是单纯地比拼名次，而是要通过比赛向世界展示中提琴的魅力，成为真正"有活力的比赛"。

教与育

我每年1月都会去小樽（位于日本北海道的一个小镇），从2004年开始的小樽中提琴大师班已经举办了十届。1996年，我去小樽市民中心的海洋音乐厅举办演奏会，与主办单位"音柱"（Soundpost）的代表、非常喜爱中提琴的高野美米邂逅，两人志趣相投。之后，我又在海洋音乐厅开了几场演奏会，渐渐喜欢上了小樽，于是就和高野先生商量在这里开大师班，每年以年轻演奏家为对象，举行为期七天到十天的集中授课和演奏会。现在，在学习中提琴的学子之间，"1月到小樽"的说法已经根深蒂固。目前在海外，作为中提琴演奏者而活跃的人当中也有很多是"小樽出身"的。最近在东京的诸角宪治先生的援助下，这个大师班还给来自亚洲的学员设立了奖学金。实际上从早到晚一直授课，是非常辛苦的，可一看到学生们的表情我立刻就有了精神。现在不去小樽，好像新的一年就没法开始了。高野先生的一路支持，以及他的热情和执行力都极其令人钦佩。

另外，从2011年开始，我与米开朗琪罗弦乐四重奏的弗朗兹·海尔梅森和米哈埃拉·马丁一起开设了莱芒湖（Lac Léman）音乐大师班（LLMM）。米开朗琪罗四重奏没有自己的固定场所，我们特别渴望有一个可以做自己想做的事情的地方。从位于布罗内的欣德米特音乐中心，可以俯瞰莱芒湖。那座漂亮的木式建筑在欣德米特故居附近，是由欣德米基金会购入的。音乐厅备有高品质的钢琴，还有练习室，同时也能住宿。在花开鸟鸣的最佳时节，我们三个人加上小提琴手鲍里斯·库什涅（Boris Kuschnir），共有四位讲师对少数学生进行个人辅导。一周的课程结束后，还将在日内瓦音乐学院举行音乐会，日程总是安排得非常紧凑。虽然是非营利性组织，但因为是没有预算的项目，所以每年都要从寻找赞助商开始。即便如此，我们还是想继续做下去。

教学生、评审比赛，其中最在意的是乐谱。最近，新的版本不断增加，即使是已经出了原典版乐谱的曲子，也会出由演奏家校订的"原典版"。学生已经无法判断原作是什么样的了，大部分情况只是按照老师指定的版本学习,觉得这样就行了。其实最重要的是要有自己的想法,对多个版本进行比较,即使是原典版,如果觉得有问题,有时也需要自己进行修改。任何时候,重要的都是音乐本身,因为我们演奏家也是创造者。

顺便提一下,第8章提到的巴托克的协奏曲,后来基本上都是演奏谢尔利版。彼得·巴托克的版本,作为音乐来说还是不够完整,虽然也有想吸收的部分内容,但彼得强烈主张不要把两者混在一起拉,所以没办法。东京国际中提琴比赛的课题曲也指定了谢尔利版。

演 奏

米开朗琪罗弦乐四重奏的第二小提琴手在2012年由斯蒂芬·皮卡德(Stephen Picard)换成了丹尼尔·奥斯特里奇(Daniel Austrich)。丹尼尔是德国国籍的俄罗斯人,他的气量与28岁的年龄极不相称,他成了我们非常值得信赖的伙伴。2013年,我们首次挑战了贝多芬弦乐四重奏全曲演奏会。我们的四重奏都是兼职的,不可能把所有时间都花费在四重奏上,四个人每年都有四分之三的时间在世界各地飞来飞去。独奏、音乐节、大师班、担当比赛评委,还有作为音乐学院教授执教的定期性工作。正因为如此,和久违的朋友再会,能一起演奏真的很开心。可是,贝多芬的全部16首曲目并不只是快乐就可以完成的,要有为这16首曲子付出一生的觉悟才行。在六场全曲演奏会的最后,我们加演了作品第133号的大赋格,我想,我们才真正地踏上音乐之旅吧。

我在2013年3月举办了一场名为"今井信子'憧憬'"的独奏音乐会,以纪念自己70岁。与丹尼尔·奥斯特里奇一起演奏了三首协奏曲:莫扎特交响协奏曲、巴托克中提琴协奏曲,还有武满彻的《萦绕秋天的琴弦》。当巴托克的演奏结束时,我实在太累了,一瞬间,我想该怎么办,但转念一想还是要奉给观众一首大曲子,于是我又静静地走到灯光下……在演出结束后的招待会上,家人、老朋友、音乐友人和学生们,都跑来向我热烈祝贺。

我在节目单上写道:以前总以为到了这个年纪,会把孙子放在膝盖上,边吃橘子边叙旧,可我不太可能这样过日子。这个赛季,我每周都会飞到不同的国家,拉琴,授课。5月,中提琴空间圆满结束,11月,我将举行中提琴和小提琴合奏的音乐会。要在那里演奏的布里顿《第二号大提琴组曲》中提琴版是由我编曲的,随后乐谱将由布里顿生前就为他出版乐谱的费伯与费伯出版社(Faber &

Faber）出版。乐谱的编辑工作，以及日内瓦班里的学生们都在等着我，看来我还不能"退役"。

　　这本书也许之后还得更新，就这样，前行的道路将一直延伸下去。

后　记

　　一直萦绕在心头的是：如何让更多的人了解中提琴的魅力，听到中提琴的音乐。为此，我策划、创办了中提琴空间，录制了很多 CD，演奏新作品，指导年轻人。正在踌躇接下来该做什么时，"电视人联合会"的会长重延浩先生提议："写一本书吧，关于中提琴只有今井能写吧。""书"这个想法就是在那时出现在我的脑海里。

　　几年后，遇到精工爱普生的武井勇二先生，他从欧洲巡演时期就开始长期赞助斋藤纪念管弦乐团的活动，他建议我："要出书的话，你去找中野雄先生商量商量怎么样？"我从学生时代就认识中野先生，但是，彼此都很忙，几乎很少有见面的机会，后来还是从武井先生那里知道中野先生成了作家。斋藤纪念节的时候，由武井先生牵线，我又重新和中野先生取得了联系，于是，就有了这本书的构想。

　　一开始，我们想以与中野先生对谈的形式总结成书，

213

于是从 2002 年到 2004 年的三年间,我和中野先生进行了多次深入的谈话。但是,当时我的人生正处于动荡期,核心部分的内容很难确定下来,在不断拖延的过程中,心情也有了变化,也有很多想补充的东西。这样一来,就产生了想用自己的语言来表达的愿望。我想,即使我的语言拙劣,但亲手写成文章,或许也是重新审视自己的好机会。虽然这样做很任性,幸而还是得到了中野先生的理解,从第一次采访到现在,时隔五年,这本书终于出版了。

在本书成形之前,不止上述三位,还得到了很多人的支持。

在整理原稿的时候,得到卡萨尔斯音乐厅的中村广子女士鼎力相助。我希望附赠迷你 CD(只在初版中附赠),让读者听一听中提琴的声音,精工爱普生的谷龟利之先生立刻答应了,编曲的细川俊夫先生也欣然同意。梶本音乐事务所的经纪人板垣千佳子女士和荒木晴子女士在百忙之中陪同我出席采访。春秋社编辑部的近藤文子女士耐心地等待我的稿件,并在关键时刻给出了适当的建议。在此我向所有的支持者表示衷心的感谢。

少了任何一个人,都不会有这本书的诞生,很多的偶然产生了新的偶然,结晶成了这本书。曾经有一段时间,我觉得自己不可能完成它了,于是就想放弃,但就在我没

有期待的时候,发生了很多事情,它们反而成为在背后推
动我的力量。

　　人生没有一件事是无意义的,所有的一切,都必然会
与接下来的道路相连。今后也想珍惜每一个瞬间,努力
地活下去。

　　　　　　　　　　　　　　2007 年 4 月 10 日

　　　　　　　　　　　　　　今井信子

再版追记

距本书初版发行已有六年。自东京国际中提琴大赛以来，发生了很多事。随着年轻一代演奏家开始活跃，中提琴的世界越来越广阔，也越来越有深度。不停下脚步，继续向前。我以这样的心情走过了这六年。我想把这段历程重新记录下来，这次，我添加了初版"之后"的历程，为再版修改了装帧。

2010 年，我在回到日内瓦的家中时遇到了盗贼，幸好没有受伤，但精神上受到的打击很大，有半年左右，身体会突然颤抖。日内瓦与法国的国境很近，而且国境无人看守，很容易就能出境。由于这样的原因，最近当地治安急速恶化，盗窃案件不断增加，甚至那里还被称为是"小偷的发源地"。即使在这样的地方，这六年中，也发生了翻天覆地的变化。转眼就是六年啊。

下一个六年会是怎样的呢？也许会有更多的"渐快"

（accelerando）吧……

（2013年6月记）

初版附赠了细川俊夫编曲的亨德尔《让我痛哭吧》（*Lascia Ch'io Pianga*）的迷你CD，但由于播放媒介的变化，再版只能忍痛割爱。大家可以从精工爱普生发行的古典音乐CD专辑《祈祷》（TYMK-022）中收听此曲。

中提琴家今井信子素描

中野雄

一位年轻的女中提琴演奏者来找我,说要去留学,我问她去哪里,她回答说:"日内瓦,今井老师那里。"

这是最近才发生的事。"去欧洲,跟着日本老师学吗?"我一脸的不以为然。

听到我回答的瞬间,那位年轻演奏者抬起了眼皮,脸上泛起不少红晕,"现在,今井老师那里,聚集了全世界的学生。'今井信子福神',我们都这样说。技术,音乐,人品,教授法——在中提琴的世界里,有比今井老师好的话,请告诉我"。

一边听她说着,我脑海中不停地浮现出俄罗斯的尤里·巴什梅特等著名中提琴演奏家的名字,一个又一个。"没有,没有比她更好的老师。"事到如今,我才体会到今井信子的实力,以及她在世界乐坛的地位,不由得向眼前这位年轻的中提琴演奏者轻轻低下了头。"不好意思,听你这么一说,确实是这样,因为我不知不觉中就产生了'是语言的问题吗'等等之类的常识性、武断的想法。"

第一次见到今井信子是在四十多年前,当时我还在日本开发银行(现日本政策投资银行)任职,她的父亲今井博先生从通商产业省作为理事被派到我们银行工作。那时我担任行内器乐联谊会干事,他跑来找我商量:"我女儿改拉中提琴了,将来不会吃不上饭吧?"

我开始为她做演出经纪,策划 LP 录音,尝试为她做了些力所能及的事,安排她参加新日本爱乐乐团的定期公演(指挥:小泉和裕,曲目是巴托克的遗作《中提琴协奏曲》),其实也没帮上什么大忙。没过多久,她移居到了美国,作为维米尔四重奏中提琴演奏者在业内活跃起来。接到她在大学找到教职的消息,我马上转告给了她父母,"这下好了,一生可以安稳了"。当时她在日本的经纪人小尾旭社长说:"别说还真是个大人物,她将来一定远比我们想象的成大器。"我们曾有过掺杂着苦笑的讨论。

然而,她的音乐人生却远远超越了我们俗人对她的评价——"能在美国获得固定职业——具有相当高级别的地位,真是太好了",她已登上了一个从未想象过的高度。自传的叙述看似平淡地描述了事实,但经纪公司的"强势者们"对她说："中提琴？ Hello and goodbye！（前天来）"，就这样每天都吃闭门羹。她牵着幼小的孩子的手，独自挎着又重又大的中提琴盒，相信着"明天的自己"，走在近乎"流浪"的旅途上。

于是，走到了今天。

在第7章的末尾，有这样一句话："迄今为止我受到了许多人的眷顾，这也许是我最大的幸运。"

但读了这本书，恐怕没有一个读者会觉得"今井真是个运气好的人啊"。

人生由"相逢"决定。

父母赋予的才能和容貌，自己无法改变。严格地说，人生的大框架是以遗传基因的形式遗传下来的天赋决定的，这样说也不为过。首先，我们所谓的"人类"本身就是由基因决定的。

但是，即使在这个框架内，人生也会千变万化，而做出决定的是结果，是本人的意识，是基于决断的行动。

动起来才会产生"相逢"，不动起来就什么都不会发生。而且，即使出现了意外，是将其转化为幸运，还是仅仅作为日常事件而遗忘，取决于本人的感性和能力。今井信子的人生航线告诉了我们这一点。对于现在流行的"寻找自我""自我实现"等说法，在今井信子轻描淡写的叙述中,潜藏着一种一脚将其踢开的"别太天真了"的魄力。

读这本书的人一定会深刻体会到,当音乐家并不是为了生活而选择的工作,而是"以音乐家的身份生活"的人生选择。信子的母亲虽然是个贤妻良母,但她认为"女孩子也要有一技之长",所以让自己的孩子学习乐器。正是当时这种超前的想法,意想不到地成就了今天的今井信子。当听说信子非要到美国留学,她父亲曾斥责妻子:"你就是太热心,过头了。"然后这种客厅的笑谈,才正是今井家今天的幸福。

当然,我们希望这世上所有的母亲铭记这一点,信子的母亲相当严格地督促信子学琴,并不是想通过信子成为成功的音乐家,来满足自己作为母亲的成功,它与自我实现以及潜在的自我中心主义完全无关。她一心一意为幼小孩子的未来着想,却结出了意想不到的果实。我不记得从她口中听到过一句自吹自擂的话,也没有听她说过养育孩子的辛苦。虽然今井信子的人生航路只能用"奔放"二字来形容,但面对旁观者的我们,她从没说过抱怨和批评的话。

关于音乐家今井信子,想写、想讨论的东西多到可以构成另外一本书,这里只想再说一点。

不仅限于音乐,一流的艺术家要想站在舞台上,必须满足以下两个条件：第一，卓越的信息传达技术，用音乐来比喻的话，就是掌握高度的作曲技法或演奏技巧，并具备自由运用的能力。第二，透过技术的表现，传达给听众"某种东西"音乐以外的、深刻的精神内涵和人格魅力。关于后者，如果附带说一下，演奏家在音乐厅的空间里表达的是别人的作品，但实际上他想要描绘的是音乐家凝视作品的那颗心。

今井信子的音乐，来自于她对中提琴演奏技巧和乐器表现力的不断钻研，更来自她不安于现状、对未知世界持续开拓的热情，当然也是她非凡人生态度的产物。这不是可以简单地被追随与模仿的音乐。

她，举办了欣德米特音乐节，创办了中提琴空间，成就了足以名留音乐史的伟业，在国际上"引领中提琴界"，然而她对未知的世界仍然满怀憧憬，迈向未来的脚步毫不停息。

她的周围总是充满着光明和能量，有如太阳般的向心力，无论男女老少，无法不被吸引。

我心中充满了期许，"希望你永远走下去"。

附　录

首演作品一览

（中村广子编）

* 截至 2013 年 6 月

* 作曲家名·曲名按五十音顺序

无伴奏曲

西村朗：《樱》，为八把中提琴而作（2011）

西村朗：《鸟之歌》，中提琴独奏幻想曲

珀尔·纳尔戈尔（Per Nørgård）：《信子的书Ⅰ&Ⅱ》

野平一郎：《在户外》，中提琴独奏曲

维陶塔斯·巴尔考斯卡斯（Vytautas Barkauskas）：《两首独白》，为中提琴独奏曲而作 Op. 71

藤仓大：《海豚》，为双中提琴而作

本杰明·布里顿（Benjamin Britten）：《挽歌》，中提琴独奏

让·凡·弗莱曼（Jan van Vlijmen）：《忠诚》

乔治·弗里德里希·亨德尔（George Frideric Handel）/ 细川俊夫编曲：《让我痛哭吧》，中提琴

大卫·霍恩（David Horne）：《静止的声音》（*Stilled Voices*）

望月京：《间奏曲 V》，为中提琴与手风琴而作

室内乐

高桥悠治：《就像天鹅离开池塘》，为中提琴与手风琴而作

武满彻 / 细川俊夫编曲：《萦绕秋天的琴弦》，为中提琴与钢琴而作

武满彻：《于是我便知道那是风》

武满彻：《鸟儿飞落小径》

西村朗：《波之卡农》，中提琴四重奏

野平一郎：《变形 I & II》，基于巴赫的恰空，为四把中提琴而作

约翰·塞巴斯蒂安·巴赫（Johann Sebastian Bach）/ 细川俊夫编曲：《人啊，为你的深重罪孽哀叹吧》BWV 622

本杰明·布里顿（Benjamin Britten）/ 今井信子编曲：第二中提琴组曲（原曲：第二无伴奏大提琴组曲 Op. 80）

协奏曲

武满彻：《萦绕秋天的琴弦》

迈克尔·蒂皮特（Michael Tippett）：小提琴、中提琴、大提琴三重协奏曲

西村朗：《焰与影》，中提琴协奏曲

林光：《悲歌》，中提琴协奏曲

维陶塔斯·巴尔考斯卡斯（Vytautas Barkauskas）：小提琴与中提琴二重协奏曲 Op. 122

保罗·欣德米特（Paul Hindemith）/ 马克思·克尼格（Max Knigge）编曲：《葬礼音乐》，为中提琴独奏与中提琴乐团而作

别宫贞雄：中提琴协奏曲（1969）

细川俊夫：《旅行 VI》，为中提琴与弦乐而作

作品目录

（中村广子 编）

* 截至 2013 年 6 月。按发行日期顺序排列。

中提琴·独奏

泰勒曼：12 首幻想曲

曲目 = 泰勒曼：12 首无伴奏中提琴幻想曲 TWV 40:14-25

[EPSON TYMK-020, 2005.03.10]

J.S.Bach: 6 Solo Suites BWV 1007–1012

J.S. 巴赫：6 首无伴奏组曲 BWV 1007–1012

曲目 = J.S. 巴赫：6 首无伴奏大提琴组曲 BWV 1007-1012（全 6 首）

Philips Duo PHCP-4756219, 2004.09.30 [Philips PHCP-11185/6, 2000.02.23]

Reger: Music for Viola

雷格：中提琴作品集

曲目 = 雷格：第 1-3 号无伴奏中提琴组曲 Op. 131d, ♭B 大调中提琴奏鸣曲 Op. 107 等

演奏 = 罗纳德·布劳提甘（Ronald Brautigam），钢琴

BIS-CD-1211, 2003.09.18 [King Records KKCC-2352, 2004.02.25]

J.S. 巴赫：第 4–6 号无伴奏大提琴组曲

曲目 = J.S. 巴赫：♭E 大调第四无伴奏大提琴组曲 BWV 1010, c 小调第五 BWV 1011, D 大调第六 BWV 1012

[Philips PHCP-11141,1999.04.22]

J.S. 巴赫：第 1–3 号无伴奏大提琴组曲

曲目 = J.S. 巴赫：G 大调第一无伴奏大提琴组曲 BWV 1007，d 小调第二无伴奏大提琴组曲 BWV 1008，C 大调第三无伴奏大提琴组曲 BWV 1009

[Philips PHCP-11057, 1997.11.24]

A Bird Came Down the Walk
鸟儿飞落小径

曲目 = 西贝柳斯：d 小调中提琴与钢琴回旋曲 JS162；武满彻：《鸟儿飞落小径》等

演奏 = 罗兰·潘提纳（Roland Pöntinen），钢琴

BIS-CD-829, 1997.06.25 [King Records KKCC-2242, 1997.07.24]

中提琴上的巴赫

曲目 = W.F. 巴赫：c 小调中提琴与羽管键琴奏鸣曲；J.S. 巴赫：G 大调腿式维奥尔与羽管键琴奏鸣曲 BWV 1027 等

演奏 = 罗兰·潘提纳（Roland Pöntinen），羽管键琴

[Philips PHCP-1821, 1997.02.26]

Viola Bouquet
中提琴花束

曲目 = 柴科夫斯基：《旋律》Op. 42 No. 3；福雷：《梦后》Op. 7 No. 1；埃尔加：《爱的礼赞》；布洛赫（Ernest Bloch）：狂想曲（《希伯来组曲》第一乐章）B. 83 等

演奏 = 罗兰·潘提纳（Roland Pöntinen），钢琴

Philips Classics 446103, 1996.06.25 [UCCP-3351, 2006.04.12]

Hindemith: Viola Sonatas
欣德米特：中提琴奏鸣曲

曲目 = 欣德米特：F 大调第一中提琴奏鸣曲 Op. 11 No. 4，第

二中提琴奏鸣曲 Op. 25 No. 4,第三中提琴奏鸣曲（1939）IPH 172

演奏＝罗兰·潘提纳（Roland Pöntinen），钢琴

BIS-CD-651, 1994.10.26 [King Records KKCC-2151, 1994:07.21]

Brahms / Schumann: Works for Viola and Piano

勃拉姆斯、舒曼：中提琴与钢琴作品

曲目＝勃拉姆斯：中提琴奏鸣曲 Op. 120 No. 1&2；舒曼：《童话场景》Op. 113 等

演奏＝罗杰·维格诺斯（Roger Vignoles），钢琴

Chandos CHAN8550, 1994.07.27

Franck / Vieuxtemps: Works for Viola

弗朗克、维厄当：中提琴作品

曲目＝弗朗克：A 大调中提琴奏鸣曲；维厄当：c 小调中提琴无伴奏随想曲 Op. 55,挽歌 Op. 30,♭B 大调中提琴与钢琴奏鸣曲 Op. 36

演奏＝罗杰·维格诺斯（Roger Vignoles），钢琴

Chandos CHAN8873, 1994.07.27

Hindemith: Solo Viola Sonatas

欣德米特：无伴奏中提琴奏鸣曲

曲目＝欣德米特：中提琴无伴奏奏鸣曲全集

BIS-CD-571, 1992.12.11 [King Records KKCC-2099, 1993.04.21]

Schubert: Arpeggione Sonata

舒伯特：阿佩乔尼奏鸣曲

曲目＝舒伯特：a 小调阿佩乔尼奏鸣曲 D. 821；贝多芬：D 大调夜曲 Op. 42

演奏＝罗杰·维格诺斯（Roger Vignoles），钢琴

Chandos CHAN8664, 1990.02.13

The Russian Viola

俄罗斯中提琴作品

曲目 = 格林卡:d 小调中提琴奏鸣曲;斯特拉文斯基:悲歌 K072 等

演奏 = 罗兰·潘提纳(Roland Pöntinen),钢琴

BIS-CD-358, 1988.03.01

室内乐

上野学园大学石桥纪念厅开幕式

曲目 = 勃拉姆斯:g 小调第一钢琴四重奏 Op. 25;J.S. 巴赫:G 大调第一腿式维奥尔与羽管键琴奏鸣曲 BWV 1027

演奏 = 曾根麻矢子,羽管键琴;矢部达哉,小提琴;原田祯夫,大提琴;横山幸雄,钢琴等

[King Records B003WMI63Q, 2010.10.06]

Beethoven: String Quartets Nos. 1 and 2

(Michelangelo String Quartet)

贝多芬:弦乐四重奏第 1–2 号(米开朗琪罗弦乐四重奏)

曲目 = 贝多芬:F 大调第一弦乐四重奏 Op. 18 No. 1, G 大调第二弦乐四重奏 Op. 18 No. 2

演奏 = 米开朗琪罗弦乐四重奏

Pan Classics PC10198, 2008.01.01 [Mercury PC10198]

Beethoven: String Quartets Nos. 3–6

(Michelangelo String Quartet)

贝多芬:弦乐四重奏第 3–6 号(米开朗琪罗弦乐四重奏)

曲目 = 贝多芬:D 大调第三弦乐四重奏 Op. 18 No. 3, C 小调第四弦乐四重奏 Op. 18 No. 4, A 大调第五弦乐四重奏 Op. 18 No. 5,

♭B 大调第六弦乐四重奏 Op. 18 No. 6

演奏 = 米开朗琪罗弦乐四重奏

Pan Classics PC10198, 2008.04.01 [Mercury PC10205]

Jan van Vlijmen: Faithful

让·凡·弗莱曼：忠诚

曲目 = 让·凡·弗莱曼：《忠诚》

演奏 = 勋伯格四重奏（Schoenberg Quartet）

注：私家盘

Bach: Goldberg Variations BWV 998

巴赫：哥德堡变奏曲 BWV 988

曲目 =J.S. 巴赫：《哥德堡变奏曲》BWV 988（德米特里·斯特科维茨基（Dmitry Sitkovetsky）三重奏改编版）

演奏 = 朱利安·拉什林（Julian Rachlin），小提琴；米沙·麦斯基（Mischa Maisky），大提琴

DG4776378, 2006.12.22 [Deutsche Grammophon UCCG-1331, 2006.10.11]

Taneyev: Chamber Music

塔涅耶夫：室内乐

曲目 = 塔涅耶夫（Sergei Taneyev）：g 小调钢琴五重奏 Op. 30，D 大调钢琴三重奏 Op. 22

演奏 = 米哈伊尔·普列特涅夫（Mikhail Pletnev），钢琴；瓦汀·列宾（Vadim Repin），小提琴；伊利亚·格林戈尔茨（Ilya Gringolts），小提琴；林恩·哈雷尔（Lynn Harrell），大提琴

DG4775419, 2005.07.12 [Deutsche Grammophon UCCG-1244, 2005.07.06]

Schumann: Piano Quartet

舒曼：钢琴四重奏

曲目＝舒曼：ʰE 大调钢琴四重奏 Op. 47，F 大调第二钢琴三重奏 Op. 80 等

演奏＝阿姆斯特丹斯托里欧尼三重奏（Storioni Trio Amsterdam）

COBRA0008, 2005.03.15

Viola Space Japan 10th Anniversary

日本中提琴空间 10 周年纪念专辑

曲目＝细川俊夫：为中提琴与弦乐所作《旅行Ⅵ》；利盖蒂（György Ligeti）：无伴奏中提琴奏鸣曲；纳尔戈尔（Per Nørgård）：《信子的书Ⅰ＆Ⅱ》等

演奏＝丰岛泰嗣，小提琴；川崎雅夫、店村真积、川本嘉子，中提琴；野平一郎，钢琴；原田幸一郎，指挥；桐朋学园管弦乐团（Toho Gakuen Orchestra）等

CD-1379/80, 2005.5 [King Records KDC-5001/2, 2003.06.27]

Antiquities: Music for Viola and Accordion

古物：中提琴与手风琴作品

曲目＝纪尧姆·德·马肖（Guillaume de Machaut）：第 23 号经文歌《幸福的处女》；J.S. 巴赫：G 大调腿式维奥尔与羽管键琴奏鸣曲 BWV 1027 等

演奏＝御喜美江，手风琴

BIS-CD-1229,2004.04.16 [King Records KKCC-2359, 2004.11.26]

Chamber Music for Flute, Viola and Piano

长笛、中提琴与钢琴室内乐作品

曲目＝迪吕弗莱（Maurice Duruflé）：前奏曲、宣叙调与变奏曲 Op. 3；塔季扬娜·尼古拉耶娃（Tatiana Nikolayeva）：长笛、中提

琴与钢琴三重奏 Op. 18 等

演奏＝莎隆·贝扎莉（Sharon Bezaly），长笛；罗纳德·布劳提甘（Ronald Brautigam），钢琴

BIS-CD-1439, 2004.01.10 [King Records KKCC-2356, 2004.09.23]

恰空：中提琴花束 2

曲目＝沃恩·威廉斯（Ralph Vaughan Williams）：中提琴与钢琴浪漫曲；J.S. 巴赫：恰空（中提琴独奏版），恰空（为 4 把中提琴改编，野平一郎编曲）等

演奏＝罗兰·潘提纳（Roland Pöntinen），钢琴；清水直子、威廉·科尔曼（William Coleman）、安东尼·塔弥斯蒂特（Antoine Tamestit），中提琴

[Philips UCCP-1017, 2000.08.11]

Into the Depth of Time:

Japanese Music for Accordion and Viola

进入时间深处：日本中提琴与手风琴作品

曲目＝细川俊夫：《进入时间深处》；入野义期：无伴奏中提琴组曲；高桥悠治：《就像天鹅离开池塘》等

演奏＝御喜美江，手风琴

BIS-CD-929, 1998.10.25 [King Records KKCC-2272, 1999.03.26]

Works for Flute, Harp & Viola

于是我便知道那是风　长笛、竖琴、中提琴作品集

曲目＝武满彻：《于是我便知道那是风》；奥涅格（Arthur Honegger）：小组曲；杰尼索夫（Edison Denisov）：二重奏；布里顿（Benjamin Britten）：《泪泉》（Lachrymae）；德彪西：长笛、中提琴与竖琴奏鸣曲 L. 137 等

演奏＝奥雷尔·尼科莱（Aurèle Nicolet），长笛；吉野直子，竖琴

[Philips PHCP-20241, 1998.04.25]

Schubert: Trout Quintet

舒伯特：《鳟鱼》五重奏

曲目＝舒伯特：A 大调钢琴五重奏《鳟鱼》D. 667 等

演奏＝枫坦纳钢琴三重奏（Trio Fontenay）；奇 - 奇·努阿诺库（Chi-chi Nwanoku），低音提琴

Teldec Classics 0630-13153-2, 1997.10.25

Schumann: Chamber Music

舒曼：室内乐作品（现场录音）

曲目＝舒曼：♭E 大调钢琴五重奏 Op. 44，行板与变奏 Op. 46，《童话场景》Op. 113

演奏＝玛塔·阿格里奇（Martha Argerich），钢琴；亚历山大·拉宾诺维奇（Alexandre Rabinovitch），钢琴；朵拉·施瓦茨贝尔格（Dora Schwarzberg），小提琴；露西·霍尔（Lucy Hall），小提琴；娜塔莉亚·古特曼（Natalia Gutman），大提琴；米沙·麦斯基（Mischa Maisky），大提琴；玛丽－路易斯·诺内克（Marie-Luise Neunecker），圆号

EMI 07243555548429 [EMI Classics TOCE-8741-42, 1997.10.16]

中提琴盛宴 Vol. I

曲目＝布里奇（Frank Bridge）：为双中提琴所作的哀歌；西村朗：中提琴四重奏《波之卡农》等

演奏＝川崎雅夫、店村真积、深井硕章，中提琴

[MEISTER MUSIC MM-1001, 1994.10.21]

中提琴盛宴 Vol. II

曲目＝勃拉姆斯：♭E 大调钢琴与中提琴奏鸣曲 Op. 120 No. 2；

232

J.S. 巴赫:♭B 大调第六勃兰登堡协奏曲 BWV 1051 等

　　演奏 = 川崎雅夫、店村真积、深井硕章,中提琴;F.W. 施努尔
(Friedrich Wilhelm Schnurr),钢琴、羽管键琴;堀了介、向山佳绘
子,大提琴;井户田善之,低音提琴等

　　[MEISTER MUSIC MM-1002, 1994.10.21]

Mozart: Clarinet Trio No.4

莫扎特:单簧管三重奏(第四)

　　曲目 = 莫扎特:♭E 大调第四三重奏 K.498;舒曼:《童话故事》
Op.132;布鲁赫:8 首小品 Op.83

　　演奏 = 珍妮特・希尔顿(Janet Hilton),单簧管;罗杰・维格诺
斯(Roger Vignoles),钢琴

　　Chandos CHAN8776, 1994.01.03

Mozart: Complete String Quintets, Vol. 3

莫扎特:弦乐五重奏全集, Vol. 3

　　曲目 = 莫扎特:♭B 大调第一弦乐五重奏 K.174,c 小调第二 K.
406/516b

　　演奏 = 奥兰多弦乐四重奏(Orlando Quartet)

　　BIS-CD-433, 1993.11.28

Mozart: Complete String Quintets, Vol. 1

莫扎特:弦乐五重奏全集, Vol. 1

　　曲目 = 莫扎特:C 大调第三弦乐五重奏 K.515,D 大调第五
K.593

　　演奏 = 奥兰多弦乐四重奏(Orlando Quartet)

　　BIS-CD-431, 1989.07.17

Mozart: Complete String Quintets, Vol. 2

莫扎特:弦乐五重奏全集, Vol. 2

曲目 = 莫扎特：g 小调第四弦乐五重奏 K. 516，♭E 大调第六 K. 614

演奏 = 奥兰多弦乐四重奏（Orlando Quartet）

BIS-CD-432, 1989.07.17

协奏曲

Viola Concertos (Béla Bartók, Paul Hindemith); Verklarte Nacht (Arnold Schoenberg)

中提琴协奏曲（贝拉·巴托克，保罗·欣德米特）；升华之夜（阿诺尔德·勋伯格）

曲目 = 巴托克：中提琴协奏曲 Sz.120, BB128；欣德米特：中提琴协奏曲《天鹅转子》；勋伯格：弦乐六重奏《升华之夜》Op. 4

演奏 = 加博尔·塔卡什 - 纳吉（Gábor Takács-Nagy），指挥；日内瓦音乐学院管弦乐团（Orchestre du Conservatoire de Musique de Genève）

Pan Classics PC10215, 2010.01.05 [Mercury PC10215]

Mozart: Sinfonia Concertante, Mozart Violin Concerto

莫扎特：交响协奏曲，莫扎特小提琴协奏曲

曲目 = 莫扎特：♭E 大调交响协奏曲 K. 364/320d, G 大调第一小提琴与中提琴二重奏 K. 423 等

演奏 = 菲利普·格拉芬（Philippe Graffin），小提琴等

AV2127, 2007.06.25

祈 祷

曲目 = 西村朗：中提琴独奏幻想曲《鸟之歌》；亨德尔（细川俊夫编曲）：《让我痛哭吧》HWV 7b；J.S. 巴赫（细川编）：众赞歌《人啊，为你的深重罪孽哀叹吧》BWV 622；武满彻（细川编）：《萦绕秋

天的琴弦》；林光：中提琴协奏曲《悲歌》；野平一郎：《在户外》

演奏＝加博尔·塔卡什—纳吉（Gábor Takács-Nagy），指挥；堤博·瓦尔葛高等音乐学院管弦乐团（Orchestra of the Conservatoire Supérieur and the Académie de Musique Tibor Varga）

[EPSON TYMK-022, 2007.05.30]

Barkauskas: Duo Concertante, 2 Monologues, etc.
巴尔考斯卡斯：双重协奏曲、两首独白等

曲目＝巴尔考斯卡斯（Vytautas Barkauskas）：《两首独白》，为中提琴独奏而作 Op. 71，双重协奏曲 Op. 122 等

演奏＝罗伯特·瑟文尼克（Robertas Šervenikas），指挥；菲利普·格拉芬，小提琴；维尔纽斯节日管弦乐团（Vilnius Festival Orchestra）

Avie AV2073, 2005.06.07

The British Music Collection / Tippett–Orchestral Works
英国音乐合集：蒂皮特管弦乐作品

曲目＝迈克尔·蒂皮特（Michael Tippett）：三重协奏曲等

演奏＝科林·戴维斯（Colin Davis），指挥；捷尔吉·波克（György Pauk），小提琴；拉尔夫·克许鲍姆（Ralph Kirshbaum），大提琴；伦敦交响乐团（London Symphony Orchestra）等

Decca 4756750, 2005.05.13

Mozart: Sinfonia Concertante in E–flat for Violin, Viola and Orchestra
莫扎特：♭E 大调交响协奏曲

曲目＝莫扎特：♭E 大调交响协奏曲 K. 364/320d 等

演奏＝五岛绿（Midori），小提琴；克里斯托夫·艾森巴赫（Christoph Eschenbach），指挥；北德广播交响乐团（NDR Symphony

Orchestra）

Sony Classical SK89488, 2001.06.26 [Sony Classical SICC-338, 2004.11.17]

The Clarinet in Concert
音乐会中的单簧管
曲目＝布鲁赫：e 小调单簧管与中提琴协奏曲 Op. 88 等
演奏＝西娅・金（Thea King），单簧管；阿伦・弗朗西斯（Alun Francis），指挥；伦敦交响乐团（London Symphony Orchestra）

Hyperion CDD-22017, 1997

Gösta Nystroem: Ishavet / Bratschenk / Sinf concer
戈斯塔・尼斯特罗姆：《北冰洋》，中提琴协奏曲，大提琴与乐团交响协奏曲
曲目＝尼斯特罗姆：交响诗《北冰洋》，中提琴协奏曲《向法国致敬》，大提琴与乐团交响协奏曲
演奏＝帕沃・耶尔维（Paavo Järvi），指挥；马尔默交响乐团（Malmö Symphony Orchestra）

BIS-CD-682, 1994.11.25

Mozart: Sinfonia Concertante in E-flat major, K. 364
莫扎特：♭E 大调交响协奏曲
曲目＝莫扎特：♭E 大调交响协奏曲 K. 364/320d，A 大调交响协奏曲 K. Anh.104/320e 等
演奏＝艾奥娜・布朗（Iona Brown），指挥、小提琴；斯蒂芬・奥尔顿（Stephen Orton），大提琴；圣马丁室内乐团（Academy of St Martin in the Fields）

PHCP-644, 1994.11.02

Walton: Viola Concerto

沃尔顿：中提琴协奏曲

曲目＝沃尔顿（William Walton）：中提琴协奏曲等

演奏＝简·莱瑟姆—科尼格（Jan Latham-Koenig），指挥；伦敦爱乐乐团（London Philharmonic Orchestra）

Chandos CHAN9106, 1994.07.27

Berlioz: Great Orchestral Works

柏辽兹：管弦乐名曲集

曲目＝柏辽兹：《哈罗德在意大利》Op. 16 等

演奏＝科林·戴维斯（Colin Davis），指挥；伦敦交响乐团（London Symphony Orchestra）

Philips Classics PHCP-4422902, 1994.05.10

Denisov: Concertos

杰尼索夫：协奏曲集

曲目＝杰尼索夫（Edison Denisov）：双中提琴、羽管键琴与弦乐团协奏曲等

演奏＝佩特拉·瓦勒（Petra Vahle），中提琴；列弗·马其兹（Lev Markiz），指挥；阿姆斯特丹小交响乐团（Amsterdam Sinfonietta）等

BIS-CD-518, 1993.11.30

Brahms: Piano Concerto 1

勃拉姆斯：d 小调第一钢琴协奏曲

曲目＝勃拉姆斯：d 小调第一钢琴协奏曲 Op. 15，两首歌曲，为人声、中提琴与钢琴而作 Op. 91

演奏＝斯蒂芬·科瓦谢维奇（Stephen Kovacevich），钢琴；安·默雷（Anne Murray），女低音；沃尔夫冈·萨瓦利希（Wolfgang Sawallisch），指挥；伦敦爱乐乐团（London Philharmonic Orchestra）

EMI CDC 7545782, 1992.10 [TOCE-7999, 1992.10.14]

Ralph Vaughan Williams: Serenade to Music
拉尔夫·沃恩·威廉斯：至音乐的小夜曲
曲目＝沃恩·威廉斯：《野花》（*Flos Campi*）等
演奏＝马修·贝斯特（Matthew Best），指挥；英国室内乐团
（English Chamber Orchestra）等

Hyperion CDA-66420, 1990.11.01

Schnittke: In Memoriam and Viola Concerto
施尼特凯：《追忆》与中提琴协奏曲
曲目＝施尼特凯（Alfred Schnittke）：中提琴协奏曲（1985），《追忆》（1972/1978）
演奏＝列弗·马其兹（Lev Markiz），指挥；马尔默交响乐团
（Malmö Symphony Orchestra）

BIS-CD-447, 1989.10.24

Martinů: Les Fresques de Pietro della Francesca
马尔蒂努——皮耶罗·德拉·弗朗切斯卡的壁画
曲目＝马尔蒂努（Bohuslav Martinů）：狂想协奏曲 H. 337 等
演奏＝詹姆斯·德普雷斯特（James DePreist），指挥；马尔默
交响乐团（Malmö Symphony Orchestra）

BIS-CD-501, 1983.11.29

Pettersson: Symphony No.5 / Viola Concerto
佩特松：第五交响曲，中提琴协奏曲
曲目＝佩特松（Allan Pettersson）：第五交响曲，中提琴协奏曲
演奏＝列弗·马其兹（Lev Markiz），指挥；马尔默交响乐团
（Malmö Symphony Orchestra）

BIS-CD-480, 1983.11.29

DVD

The Verbier Festival & Academy 10th Anniversary Piano
extravaganza

韦尔比耶音乐节与音乐学院 10 周年纪念日：钢琴盛会

曲目 = 海德里希（Peter Heidrich）：生日快乐变奏曲；J.S. 巴赫：
a 小调四钢琴协奏曲 BWV 1065 等

演奏 = 吉东·克雷默（Gidon Kremer）、雷诺·卡普松（Renaud
Capuçon）、张 永 宙（Sarah Chang）、伊 利 亚·格 林 戈 尔 茨（Ilya
Gringolts）、瓦汀·列宾（Vadim Repin）、德米特里·斯特科维茨基
（Dmitry Sitkovetsky）、克里斯蒂安·特兹拉夫（Christian Tetzlaff）、
尼古拉·齐奈德（Nikolaj Znaider），小提琴；尤里·巴什梅特（Yuri
Bashmet），中提琴；米沙·麦斯基（Mischa Maisky）、鲍里斯·佩尔
加门席科夫（Boris Pergamenschikow），大提琴；帕特里克·德·洛
斯·桑托斯（Patrick De Los Santos），低音提琴；玛塔·阿格里奇
（Martha Argerich）、叶甫格尼·基辛（Evgeny Kissin）、詹姆斯·莱文
（James Levine）、米哈伊尔·普列特涅夫（Mikhail Pletnev），钢琴等

RCA 8287661860, 2004.10.12 [RCA BVBC-31010, 2004.08.25]

图书在版编目（CIP）数据

憧憬：与中提琴相伴 /（日）今井信子著 ；何为译.
上海 ： 上海教育出版社, 2024. 6. -- ISBN 978-7-5720-
2497-9

Ⅰ. K833.135.76

中国国家版本馆CIP数据核字第20244U6A87号

责任编辑　于　喜
封面设计　早川良介
美术编辑　郑　艺

简体中文版由上海教育出版社取得授权独家出版。
上海市版权局著作权合同登记号　图字09-2024-0877号

憧憬——与中提琴相伴

[日]今井信子　著
　　　 何　为　译

出版发行　上海教育出版社有限公司
官　　网　www.seph.com.cn
地　　址　上海市闵行区号景路159弄C座
邮　　编　201101
印　　刷　上海雅昌艺术印刷有限公司
开　　本　787×1092　1/32　印张 8
字　　数　131千字
版　　次　2025年3月第1版
印　　次　2025年3月第1次印刷
书　　号　ISBN 978-7-5720-2497-9/J·0099
定　　价　65.00元

如发现质量问题，请向本社调换　电话 021-64373213